てのひらのえんぎもの

日本の郷土玩具

文と絵　佐々木一澄

はじめに

この本は日本各地の郷土玩具、縁起物、お守りなどを絵と文で紹介する一冊です。

しかし、この本に日本の郷土玩具のすべてが描かれているわけではありません。

僕自身が集めてきたもの、そして現在も作られているものを描きました（本を作っている間に製造がお休みになってしまったものもいくつか含まれています）。

それゆえ、趣味に偏りがあるかもしれませんが、それぞれに思い出があり、愛着のあるものばかりです。

デフォルメも省略もせずに、ありのままの魅力が抽出されるように、僕自身のフィルターは限りなく薄くして描いたつもりです。


僕と郷土玩具との出会いは二〇〇八年十一月のことです。

僕の絵は影のない色面と少しの線で構成されているものが多いので、近しい表現の琳派や家紋、型染などの造形に興味があり、民藝店ならそういうものを見ることができるかなと思い、新宿の「備後屋」を訪れました。

備後屋には日本全国から集められた民藝品が所狭しと並び、どれもあたたかく、健やかで、自分の琴線に触れるものばかりでした。

出西《しゅっさい》窯の丸紋土瓶や小鹿田《おんた》焼の飛鉋《とびかんな》。青森のりんごカゴや倉敷の椅子敷。

そしてところどころに型染作家である柚木沙弥郎《さみろう》さんの型染めが展示されていて、こういった大胆で柔らかな空気をまとった絵を描きたいなあなんてことをぼんやりと思いながら店内を見ていました。

そのうちふと、地下にも何かが展示されていることに気付き、足を踏み入れてみると、その瞬間スイッチが押されたように、自分のなかで何かが弾ける音が聞こえました。

「これはすごい……」

そこには素朴で無邪気で色鮮やかで少し間抜けな人形がたくさん並んでいました。

郷土玩具です。

こけしやだるまや犬張子などが、自分の頭のなかにあった寂しく暗く古びたイメージとはまったく違い、みずみずしい魅力に溢れています。

なんて自由でのびのびしているんだろう。

一生付き合っていくことになるかもしれない……。

それが僕と郷土玩具との出会いでした。


「え？　これも？」

「こんなものがあるの？」

「そんな歴史があるのか……」

郷土玩具のすべてが新鮮に見え、知れば知るほどその底知れない魅力にはまっていきました。そして各地で郷土玩具の廃絶が続くなかでも、まだまだ魅力に満ちた郷土玩具がたくさん作られていることに驚きをおぼえるのです。


この本を手にしてくださったみなさんも、僕と同じように、郷土玩具の魅力を新鮮に感じていただけることと思います。

そして旅先で、故郷で、少しでも郷土玩具のことを想っていただけたら、これに勝る喜びはありません。

目次

はじめに　2

北海道・東北地方　9

下川原焼人形　10 ／ 花巻人形　14 ／ 仙台張子　18 ／ 三春張子　22
セワ、八橋人形、べらぼう凧　26 ／ 中山土人形、六原張子、堤人形　27
笹野一刀彫、山形張子、相良人形　30 ／ 唐人凧、白河だるま、会津張子　31
鳴子こけし　34
伝統こけしのはじまり　46

中部・北陸・甲信越地方　49

富山土人形　50 ／ 乙川人形　54
三角だるま、鯛車、餅つき兎　58 ／ 鳩車、中野の土人形、蘇民将来　59
おぼこ人形、甲州だるま、初夢土鈴　62 ／ 桜井凧、吉良の赤馬、でんでん太鼓　63
浜松張子　66
だるまのはじまり　77

郷土玩具の誕生と現在　80

関東地方　89

鴻巣の練物　90　／　多摩だるま　94　／　大山の木地玩具　98　／　佐原張子　102
黄鮒、高崎だるま、萩日吉神社の神猿　106　／　芝原人形、千住絵馬、すすきみみずく　107
とんだりはねたり、犬張子、亀戸天満宮の鷽　110　／　親子狸、横浜開港人形、伊勢原のせみ凧　111
今戸焼と古型今戸人形　114
招き猫のはじまり　118

関西地方　121

住吉大社の土人形　122　／　小幡人形　126
お守り犬、初瀬出雲人形、五色鹿　130　／　神農祭の神虎、神戸人形、姫路張子　131
伏見人形　134
起き上がりめぐり　146

中国・四国地方　149

高松張子　150
岩井温泉の木地玩具、はこた人形、祝凧　154　／　吉備津の狛犬と鳥、玉島だるま、つればり　155
雛祭りのはじまり　158

九州・沖縄地方　161

赤坂人形　162　／　尾崎人形　166　／　古賀人形　170　／　木の葉猿　174
人吉の玩具　178　／　鹿児島神宮の玩具　182　／　琉球張子　186
博多張子、清水のきじ車、津屋崎人形　190　／　孫次凧、太宰府天満宮の鷽、のごみ人形、弓野人形　191
北山田のきじ車、日奈久の玩具　194　／　宇土張子、おばけの金太、佐土原人形　195
あとがき　198　／　本書に掲載した郷土玩具の工房・販売店　205　／　参考文献　206

※本書に掲載した情報は、2018年11月現在のものです。

北海道・東北地方

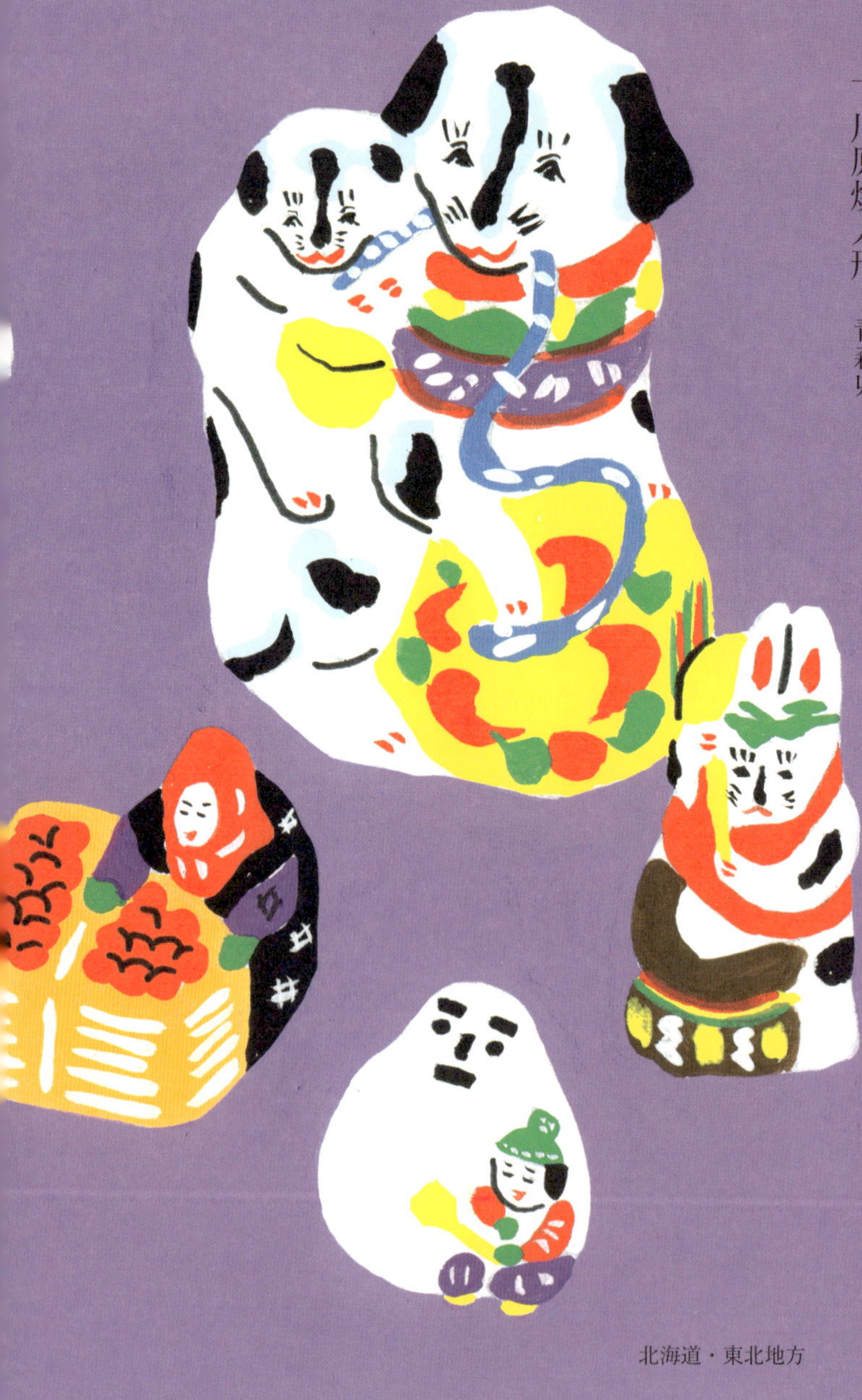

下川原焼人形　青森県

右ページ上から、鞠抱き親子犬、兎の餅つき、りんご売り、雪だるま、
左ページ上から、鳩笛、犬乗り唐子、南瓜おばけ、えじこ

下川原焼人形　青森県　りんごや雪だるま、津軽の生活を反映

青森県弘前市の下川原《したかわら》と呼ばれる地域では下川原土人形が作られています。

その歴史は文化三年（一八〇六）頃、筑前（現在の福岡県）で製陶技術を修得していた津軽藩士高谷金蔵が太田粂次郎らと大沢に窯を築いたことからはじまります。弘前藩の産業振興に力を入れていた九代藩主寧親《やすちか》は、さらに筑前の須恵《すえ》焼の陶工高原五郎七を招き、高谷、太田らとともに焼き物を作らせました。本格的に人形を作るようになったのはこの頃からで、職人たちは日用品を焼くかたわら、厳しい冬や余暇に土人形を作っていたようです。

モチーフとなるのは三味線、りんご、雪だるまなど津軽の生活を反映したものが多く、紫、黄、赤、緑、黒とねぷたを思わせる鮮やかな色で彩られています。

その一方で、太鼓持ち唐人やラッパ持ち唐人など中国、朝鮮の影響を感じさせるものが多いのは、大陸との交通の要地であった筑前がそのルーツに関わっているからといわれています。筑前と津軽の文化の融合は、下川原土人形の特徴といえるでしょう。

現在は、初代金蔵から数えて七代目の高谷智二さん、そして阿保正志さんが独自に下川

原焼人形作りに励んでいます。

　様々な大きさの人形が作られていますが、なかでも五センチにも満たない小さな人形笛にはユーモラスな魅力があります。人形笛とは、中が空洞になっている土人形の特性を活かし、どんなモチーフにも下部にちょこんと吹き口を付け、笛にしたものです。

　犬、猫、牛、天神、唐子などいろいろな人形笛が作られていますが、無理矢理吹き口を付けられ予期せぬフォルムになった人形たちはなんだか楽しそうに見えます。少し大きめのお化けシリーズもとても楽しい。この人形笛をくわえることで、土に含まれるケイ酸ナトリウムが栄養分として摂取できるという説もあり、古くから乳幼児の虫封じに効くと信じられていたようです。また、かつては藩主の身内が亡くなったとき、墓に埋葬品として埋めていたことが、発掘調査により明らかになりました。出土品は長勝寺で保管されています。

　人形笛のなかでも全国的に知られている鳩笛は、大きな丸い目が愛らしく、目や口に塗られる赤がアクセントになっています。色の組み合わせはいくつかありますが、紫と緑のものが津軽らしく、形にしっくりとなじんでいるように見えます。そっと笛を吹いてみると「ほー」という丸みのある、寒さをも包んでくれるような優しい音がします。

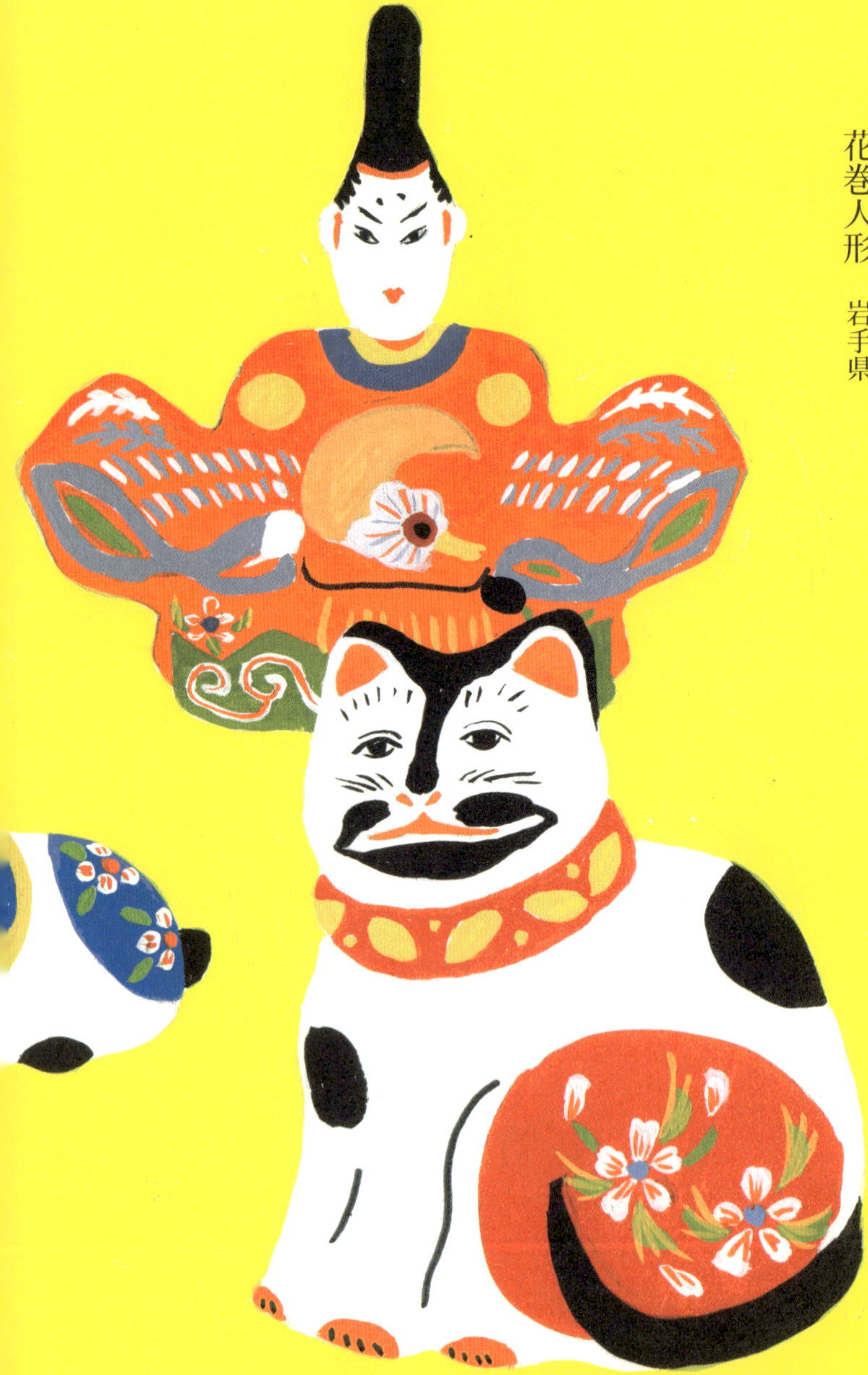

花巻人形　岩手県

上段／内裏雛、下段／右から、かま猫、犬、鯛抱き猫、鯛咥え猫

花巻人形　岩手県　宮沢賢治の童話にも登場する猫

花巻人形は堤人形（仙台）、相良《さがら》人形（山形）とともに東北三大土人形といわれています。花巻人形はどの人形にも桜や梅などの花模様が描かれ、まるで「花巻」の名を体現するような華やかさが魅力です。人形の底は和紙で閉じられ、中に小石や砂利が入っているのも特徴です。振るとシャカシャカと軽やかな音がし、子どもの玩具だったことがわかります。

そんな花巻人形で、最も古くから作られているのは内裏《だいり》雛です（14ページ）。男雛の鳳凰、女雛の青、黄、緑の十二単はとても装飾的ですが、人形の顔がシンプルなので過剰さはありません。跳ね上がった袖もほどよく華やかさを盛り立てています。

対照的に素朴な魅力があるのは「かま猫」です。猫は郷土玩具の題材によく用いられますが、かま猫は花巻ならでは。厳しい花巻の冬をしのぐため竈《かまど》のなかに入り、煤で口のまわりが黒くなった猫を表わし、花巻出身の宮沢賢治の童話「猫の事務所」にも登場します。「猫の事務所」のかま猫は生まれつき皮が薄く、夜の寒さに耐えかねて竈のなかで眠ります。そのためいつも体が煤で汚れていて、他の猫たちにいじめられるのですが、「どんなにつらくてもぼくはやめないぞ、きっとこらえるぞ」と誓い耐え抜くのでした。とぼけなながらもいじめに負けない勇敢な姿は、寒い冬をたくましく乗り越える東北の人々の姿と重なり、かま猫がさらに愛おしく思えます。

花巻人形の起源は享保年間（一七一六〜三六）に太田善四郎が京都の伏見人形、仙台の堤人形の製作方法にならい作ったとされていましたが、最新の調査で盛岡藩御焼物師の古舘家が手がけていたことがわかりました。日用雑器や瓦、煉瓦を作っていた古舘家の四代目の喜助（伊之助）が幼少の頃から人形作りを志し、若柳（宮城県）で奉公した後、仙台の堤人形で作り方を伝授され花巻に帰り、天明年間（一七八一〜八九）に人形作りをはじめたとされています。

明治以降、花巻人形を作っていたのは善四郎の親族の苗代澤家と古舘家の親族の照井家で、昭和三十四年（一九六一）に照井トシさんが亡くなり、花巻人形は一度途絶えます。

その後、市の要請で平賀工芸社が花巻人形を復活させ、今日まで伝統を繋いでいます。また、修復作業を積極的に行い、市の博物館に数百体の花巻人形を寄贈してきた菊池正樹さんも二〇一二年頃から成型も彩色も昔ながらの花巻人形を作りはじめています。

仙台張子

宮城県

右ページ上から、松川だるま、俵牛、左ページ上から、おぼこ、女だるま、雀

仙台張子　宮城県　本毛、金粉を使った豪華絢爛なだるま

宮城県仙台市では「仙台張子」が作られています。

仙台張子に派手でゴテゴテとしたものが多いのは、十七代藩主伊達政宗の趣味だと伝えられています。なかでも伊達藩士松川豊之進が作りはじめたことで「松川だるま」と呼ばれている（諸説あり）青いだるまは、その代表といえるものです。

だるまはもともとめでたいものですが、この松川だるまはその究極といえるのではないでしょうか。

波しぶきのかかった宝船は立体的に張り出し、梅の花が描かれ、眉は本毛で目は飛び出ています。そして全体に金粉まで撒かれた豪華絢爛さ。戦前に作られていたものは目玉がガラスでできているため生々しく、さらに迫力があって怖いくらいです。

仙台張子、だるまの起源は定かではありませんが、安政年間（一八五五～六〇）に江戸から仙台に移住して神楽面や能面を作っていた仏師面徳の二代目、高橋徳太郎が明治時代にだるまの造形や彩色を完成させたといわれています。

徳太郎の技術は息子の利三郎が継ぎ、大工仕事の副業として仙台張子の製作を続け、最

盛期の大正時代には十数軒で製造が行われていました。その頃には既に現在使われている木型のほとんどが製作されていたそうです。

現在残る三軒（二軒はだるまのみ）のひとつ、本郷だるま屋ではだるま以外にも様々な種類の張子が作られています。なかでも張子製の顔に木の柄が付いた「おぼこ」と呼ばれる首人形は、こけしのルーツともいわれる愛らしいもので、胴の代わりになる木の柄に紙や布を巻きつけ、着せ替え人形のように遊んでいたとのこと。剃られた頭部の青と、目と頬のオレンジの色彩の組み合わせ、ユーモラスな表情に楽しさが溢れています。昔は這子《ほうこ》や天児《あまがつ》と同じようにおぼこを赤ん坊の枕元に置き、無事に育つことを願ったそうです。

本郷さんの手による、さつまいものような女だるまや、尾の立派なピンク色の雀は、豪華でありながらどこかいびつで、同じモチーフでもそれぞれ違っています。そこには愛嬌があり選ぶ楽しさがあります。

毎年一月、各家の古いだるまたちは神社で行われる「どんど祭り」で正月飾りといっしょに焚き上げられ、人々はその火にあたり商売繁盛・無病息災を祈ります。大崎八幡宮の松《まつ》焚《たき》祭をはじめ宮城の「どんと祭り」は毎年数十万人の参拝客で賑わっています。

三春張子　福島県

右から、象乗り唐子、鞨鼓、腹出し

三春張子　福島県

躍動感に満ちた華やかな張子たち

福島県郡山市西田町には人形を意味する「デコ」の名が付いた「高柴《たかしば》デコ屋敷」という集落があります。ここは古くからの三春《みはる》張子の産地で、今も集落の四軒で製造が行われています。全国でもこのように張子の作り手が集まる場所は珍しいのではないでしょうか。そして昭和の三春張子復活に大きな役割を果たした小沢太郎がはじめた小沢民芸も隣の三春町で精力的に製作を続けています。

三春張子の特徴はなんといっても和紙や竹ひご、型紙などの軽い素材を生かした躍動的な造形です。この躍動感は土では表現できません。そして歌舞伎や浮世絵の影響とされる人形の表情は凛として美しく、花などの様々な模様が軽やかな筆遣いで描かれます。

代表的な張子は「鞨鼓《かっこ》」と呼ばれる人形で、鞨鼓とは天下泰平や五穀豊穣、商売繁盛を願いながら鳴らす雅楽の鼓です。人形の袖はためき、今にも鼓を打ち鳴らしそうな躍動感に満ち、顔の中央にぎゅっと寄せて描かれた表情とともに鮮烈な印象を与えます。

象の上に唐の子どもが乗った「象乗り唐児」は、子どもが無事に育つことを願い他の地方でも作られるモチーフですが、三春張子の象は俵屋宗達《たわらやそうたつ》の怪しげな象を優しくしたような魅力がありとても楽しいです。そして小沢民芸の「腹出し」は歌舞伎十八番「暫《しばらく》」に登場する敵役。腕組みをし、キッと鋭い視線を放ちます。動きは少ないですが、「静」のなかに「動」を感じいつまでも見飽きることがありません。

三春張子の起源は定かではないそうですが、江戸時代、京都の伏見人形や仙台の堤人形にならい作られていた土人形をもとに張子も作られるようになったという説があります。やがて張子作りは三春藩の保護を受けて発展し、歌舞伎や舞踊などの華やかな題材を中心に数千種類も作られ各地で人気を博しました。

しかし明治になり廃藩置県で藩の援助がなくなると張子作りは徐々に衰退し、だるまなどが細々と作られるさびしい状況になります。

そんな状況を見た地元の小沢太郎が大阪の郷土玩具蒐集家の力添えを受け、一九五〇年代末、デコ屋敷の橋本広吉と江戸期の張子の研究と復元に尽力します。多様な三春張子の多くがよみがえり、三春は再び張子の産地として賑わいを見せるようになったのです。

広吉の息子である十七代目の広司さんが跡を継いだ橋本広司民芸は江戸時代の家屋をそのまま残し、郷土玩具が生まれた当時の空気を感じる空間です。

八橋人形（秋田県）

セワ（北海道）

べらぼう凧（秋田県）

六原張子（岩手県）

中山土人形（秋田県）

堤人形（宮城県）

セワ（北海道）

網走市で作られている木彫りの人形。終戦後サハリンから網走に引き上げてきたオロッコ族の人々により、戦後「オロチョンの火祭り」が行われるようになりました。この祭りの踊りで使われるイナウという祭具を人形にしたものがセワで、「セワ」とは神様の意味。イナウ、セワに使われている、木を薄く紐のようにしていく「削り掛け」の手法は東北にも伝わっています。

八橋人形（秋田県）

秋田市の土人形。江戸時代中期に京都伏見の人形師がこの地に移住し、窯を開いて作りはじめたといわれています。その後すぐに一度途絶えますが、文政年間（一八一八〜三〇）、毘沙門堂別当の金山良寛が残っていた人形から型を取り、祭礼の日に境内で売りはじめ復活させました。この影響を受けて周辺で人形作りが盛んになり、弘化年間（一八三〇〜四八）には十数人の作り手がいたようです。二〇一四年に最後の継承者、道川トモさんが亡くなってからは、八橋《やばせ》人形伝承会が制作しています。26ページに描いた「えじこ」は、まだ歩けない幼い子どもを入れておく揺籠のようなもの。東北など寒い地方で用いられています。

べらぼう凧（秋田県）

能代市で作られている凧。その起源は定かではありませんが、この地方では古くから凧揚げが盛んだったといわれています。男べらぼう、女べらぼう、旗べらぼうがあり、舌を出した凧の絵柄は魔除けの意味があるとされています。27ページの絵は女べらぼう。明治二十年（一八八七）から作り続けている北村凧提灯店が製造・販売しています。

中山土人形（秋田県）

薩摩の陶工野田宇吉が、南部藩（岩手）に招かれ窯業に就きましたが、天保大飢饉のため解雇され、放浪の果てに岩崎藩（秋田県湯沢市）に移り住んで、松岡焼をはじめました。その後、婿娘のヨシが義父の宇吉から人形作りをならい横手に古くからある押し絵や姉様人形に着想を得て、明治七年（一八七四）に作ったのが中山土人形です。現在は樋渡人形店が製作しています。27ページの絵は熊乗り金時。

六原張子（岩手県）

昭和三十二年（一九五七）、岩手の郷土芸能に使う面が足りなくて、さわはん工房の先代が張子で作ったのがそのはじまり。人形作りは昭和四十五年（一九七〇）頃からはじまり、地元の伝説やいいつたえがモチーフになっています。27ページの絵は笛吹き太一で、柳田國男の『遠野物語拾遺』にも出てくる笛の好きな少年です。「昔青笹村に一人の少年があって継子であった。馬放しにその子をやって、四方から火をつけて焼き殺してしまった。その子は常々笛を愛していたが、この火の中で笛を吹きつつ死んだ処が、今の笛吹峠であるという」そんな悲しいいわれのある人形です。

堤人形（宮城県）

仙台市で作られている土人形。元禄七年（一六九四）に藩主伊達綱村が領内で陶器を自給自足できるように、江戸今戸の陶工上村万右衛門を招き、杉山台に窯場を作って陶器を作らせました。杉山焼きと称して、楽焼茶器や雛人形、稲荷などを作っていましたが、万右衛門が死去し途絶えます。その後、堤町の陶工がその技法を復活させ、瓦師の庄子屋勇七が浮世絵からヒントを得た型を作り、現在の堤人形の基礎を築きました。花巻人形（岩手）、相良人形（山形）、伝統こけしなどに大きな影響を与え、東北地方の郷土玩具の源流ともいわれます。27ページの絵はこけしに影響を与えたといわれる芥子《けし》人形。

笹野一刀彫（山形県）

相良人形（山形県）

山形張子（山形県）

白河だるま（福島県）

唐人凧（福島県）

会津張子（福島県）

笹野一刀彫（山形県）

米沢市で作られている木彫り人形で、大同二年（八〇七）の笹野観音堂創建の頃からある縁起物と地元では伝えられています。アイヌの信仰に使われる削り掛けの技術が農民に普及し作られたのがはじまりとされています。安永年間（一七七二～八二）に米沢藩主上杉治憲（鷹山）が農閑期の農民たちに作らせたことで地域に定着しました。サルキリという山刀、チヂレという細工刀を使って、表皮を剥《は》いだ丸木を削って作ります。笹野観音前には笹野民芸館があり、一刀彫の実演を見ることもできます。３０ページの絵は屁っ放り腰がおかしい「兎の餅つき」で、兎のように努力しようという教えが込められているそうです。

山形張子（山形県）

安政年間（一八五四～六〇）に京都から来た人形師渋江長四郎が作りはじめましたが、孫の彦吉が昭和四十年（一九六五）に亡くなり一旦途絶えます。その後、明治時代に長四郎の弟子だった岩城徳次郎が復活させ、現在は八代目となる勇二さんが山形市の岩城人形店で製作しています。３０ページの絵は鞠猫。

相良人形（山形県）

米沢藩主の上杉治憲が藩士相良清左衛門厚忠に命じて福島の相馬で陶器の製造技術を学ばせ、安永七年（一七七八）に窯を作って雑器を焼かせたのがそのはじまりと伝えられています。京都の伏見人形の型に学び、堤人形の影響も受けながら、相良人形は完成されました。太平洋戦争で製作が中断し、そのまま途絶えましたが、昭和四十一年（一九六六）に七代目の隆さんが復活させ、現在は隆馬さんが八代目を継いでいます。３０ページの絵は鯛抱き童子。

唐人凧（福島県）

会津若松市で作られている凧で、昔は会津近郊で盛んに揚げられていたそうです。起源は定かではありませんが、「高麗人参の栽培を積極的に行なっていた会津藩と取引をしていた長崎商人、足立仁十郎が長崎から持って来た凧をもとに作りはじめた」「キリシタン大名の蒲生氏郷が持って来た」などの説があるそうです。

白河だるま（福島県）

白河市で作られている張子のだるま。天明三年（一七八三）、白河藩主松平定信が経済振興のためだるまの技術を習得させ、だるま市で売らせたのが起源といわれています。東北のだるまには黒眼が描かれていますが、関東のだるまに黒眼は描かれず、白眼のままです。眼のない白河だるまは「だるまの境界」であることを示しています。

会津張子（福島県）

天正一八年（一五九〇）、戦功により伊勢から会津に移封された蒲生氏郷が京都から職人を招き、藩士たちに生活の糧として技術を習得させたのがはじまりといわれています。かつては犬張子や馬乗り子どもなど、様々な張子が作られていましたが、今は赤べこ、起き上がり小法師《こぼし》のみで、どちらも郷土玩具を代表するものとして親しまれています。31ページの絵は会津若松市の山田民芸工房の起き上がり小法師。正月の初市で家族の人数よりもひとつ多く買って神棚に飾り、「家族や財産が増えますように」と一年間の家内安全や養蚕を祈る風習が古くからあります。

鳴子こけし　宮城県

右ページ右から順に、大沼秀顯、桜井昭寛、松田大弘、柿沢是伸、桜井尚道、左ページすべて高橋正吾

鳴子こけし　宮城県　温顔静姿の美しさ

鳴子《なるこ》こけしで使う木はミズキが主です。ミズキは名前の通り水分を多く含み、やわらかく白い木肌が特徴です。ミズキで作ったこけしの太めの胴は中程を少しくびれさせ、菊、石竹、楓などの模様が赤い染料で描かれます。丸い頭は胴にはめ込まれ、仙台張子や堤人形の影響を受けたといわれる品良く穏やかな表情が描かれます。回すとキイキイと音が鳴り、「鳴子」という地名と呼応しているようで楽しいです。

「かわいいこけし」が人気を呼んでいる第三次こけしブームの今では、鳴子こけしは普通に見えるかもしれません。しかし表情やフォルムの違いがわかってくると、鳴子こけしの普通さが、ご飯が美味しいとか晴れてうれしいといった、普遍的な幸せに近いものに思えてくるのです。ああ、良いなあと。

鳴子こけしの誕生と発展

東北新幹線古川駅から陸羽東線に乗り換え、広大な田んぼを眺めながら電車に揺られて約五〇分。徐々に山が深くなり、川渡《かわたび》温泉、鳴子御殿湯を通過すると鳴子こけしの産地、鳴子温泉駅に着きます。ホームに降り立つと濃い硫黄の臭いに鼻が刺激され、温泉街に来たんだという実感が湧きます。

鳴子温泉は承和四年(八二六)の鳥屋ヶ森の噴火で、現在の温泉神社より温泉が湧出したことから誕生しました。江戸時代には湯治場として賑わうだけでなく、隣の鬼首《おにこうべ》の木地《きじ》業が盛んなこともあって塗師も集まり、鳴子は漆器業の中心地になります。

木地玩具が鳴子で売られるようになったのは、天保年間(一八三一~四五)に、小田原から来ていた木地師に大沼又五郎が小物を挽《ひ》く技術を学んだことがはじまりとされています。同じ頃、温泉神社の神主が伊勢土産の木の人形にならって作ったお守りを境内で売りはじめ、それを見た又五郎も木の人形を作りはじめました。それが鳴子こけしのはじまりで、又五郎が鳴子こけしの祖とされる理由です。

又五郎の弟子たち、大沼岩太郎、高橋金太郎、大沼利右衛門、岡崎仁三郎、高野幸八、高橋直蔵もこけしを作り、彼らも弟子を持ち、こけしを作る木地師が次々誕生します。

さらに、一人が綱を引き轆轤《ろくろ》を回転させもう一人が鉋で挽く「二人挽き轆轤」に代わる技術として、一人で足踏みで轆轤を回転させて挽く「一人挽き轆轤」を箱根の木地師井沢為次郎に教わったことで生産効率が上がり、多くのこけしが作られることになります。

大正四年（一九一五）、鳴子温泉に鉄道が開通すると、全国から訪れる湯治客に小物や玩具が一年中売られるようになりました。昭和に入ると今度は全国の郷土玩具蒐集家がこけしに注目し、製造をやめていた木地師も発掘され、後に「こけし工人」と呼ばれる木地玩具、こけし専業の木地師も誕生します。この時代から戦争によってこけしどころではなくなった昭和十七年（一九四二）頃までを第一次こけしブームと呼びます。

戦争が終わると、昭和二十三年（一九四八）に鳴子こけし祭りが開催されます。温泉神社には鳴子こけしを世に広めた童話作家、深澤要の歌「みちのくは はるかなれども夢にまで 心の山々 心のこけし」の碑が建てられ、日本こけし館も完成して深澤要の蒐集品が寄贈されました。深澤の歌は今でもこけし蒐集家たちの座右の銘となっています。

昭和二十七年（一九五五）に鳴子こけし祭りは「全国こけし祭り」と名前を変え、より大規模に開催されるようになり、昭和三十年（一九五〇）頃からはじまった全国的な民芸ブームの波に乗って第二次こけしブームがやってきます。ブームの直前から、伝承されてきた師匠の古いこけしの写し、模造が蒐集家の働きかけではじまり、機械で作る安価な「新型こけし」とは異なるものとして旧来のものを「伝統こけし」と呼ぶようになりました。

高橋正吾さん作の創作こけし

そして二〇一一年の東日本大震災で甚大な被害を受けた東北の魅力を再発見する動きを背景に、現在、第三次こけしブームが起きているといわれています。昭和までの男性中心のブームとは違い、女性が中心となっているためか、人気があるのはファンシーでかわいらしいこけしのようです。伝統こけしは少しさびしい思いをしているかもしれません。

木地屋の仕事

鳴子の温泉街を見下ろすようにそびえる花渕山《はなぶちやま》の壮大さに見とれながら、急な坂をしばらく登っていくと、「高橋正吾こけし工工房」の看板を掲げたモダンな一軒家が見えます。声をかけるといつもやわらかい表情で正吾さんが出迎えてくれます。

高橋正吾さんは高橋直蔵系列の工人で、鳴子こけしの祖である大沼又五郎の弟子・直蔵の曾孫です。昭和四年（一九二九）生まれ、八十八歳。鳴子こけし工人の長老で、戦前のこけしや木地業を知る数少ないひとりです。祖父の高橋亀三郎の名前を冠した老舗「高《たか》亀《かめ》」で職人として働き、その後独立して上野々《うえのの》に住居兼工房をかまえています。

木地仕事をはじめたのは昭和二十二年（一九四七）、高校を卒業してすぐの十八歳からです。どこかに勤めに出て、頭をぐぐーっと押さえ込まれるように生活していくのは嫌だという気持ちがあり、木地屋なら独立さえすれば自分ひとり気楽でいいと考え、父の武蔵さんに弟子入りしたそうです。こけしのことなどまったく考えておらず、木地業を生業にしようという気持ちだけでした。その頃は第二次こけしブームの到来もまだで、尻繋《しりがい》玉、追い縄通し、神仏用の皿、タバコ入れなどを作る仕事が主だったそうです。こけしを作ったのは「たちこ」と呼ばれる一寸少しの木地のみで、描くのは武蔵さんと兄の武男さんでした。

正吾さんが仕事をはじめるにあたり、仕事場にはそれまでの足踏み轆轤でなく、電動の一人挽き轆轤が据え付けられました。より早く量を作るためにです。木地師は鉋やキリなどの道具も自分で作るのが基本。効率よく仕事をするには、それに合った道具が必要です。タバコ入れの中をきれいにくり抜きたいときに今の鉋でやりにくいならば、くり抜きやすいように鉋を叩いて調整する。自分で道具を作れなければ木地師とはいえません。

尻繋玉などの仕事は昭和二十五年（一九五〇）に需要がなくなり、それ以降はこけしなど木地玩具の専業になったそうですが、そこに至るまでの製作で仕事のすべてを覚えたといってもさしつかえないとのこと。こけし作りは木地屋の仕事なのです。

ではどのようにしてこけしは作られるのでしょうか。轆轤での作業を見てみましょう。

1　材料を轆轤に打ち込み挽く。まずは頭から
2　鉋で挽き、形ができたら薄刃などで整え、トクサ（植物）で磨く
3　胴体にはめ込むための突起を挽き出し、轆轤から切り離したら頭は完成
4　次は胴体。頭と同じで、形ができたら薄刃で整えトクサできれいに磨く
5　轆轤に取り付けたまま回転を利用し、筆を軽くあて轆轤線を引く
6　首をはめ込むための穴をキリであける。はめ込んだときに首を抜けにくくするため入り口は小さく、中は広くする

7　轆轤を回し摩擦熱を利用して、先に作っておいた頭をはめ込む
8　轆轤から外し、顔や胴模様を描いていく
9　仕上げに再び轆轤に取り付け、ロウを塗り磨いて艶を出し完成

これで一本のこけしができあがりますが、轆轤に取り付ける前に、仕入れた木を乾したり、作るこけしの大きさに合わせて木取りをしたり、やらなければならないことが多く、仕入れてから完成まで約一年ほどかかります。

正吾さんは子どもの頃から絵や字を描くことが得意なわけではなく、工作も苦手。筆を使うことに恐怖心さえ持っていたそうです。それを克服するため、こけしを作る機会が増えてきた昭和二十五（一九五〇）年から数年、筆と仲良くなるため毎日一～二時間、筆で文字を描き、身体に筆の感覚を叩き込みました。そうすることで恐怖心は薄れ、スラスラと描けるようになったといいます。

一番はじめに描いたこけしの模様は牡丹。高亀で作るこけしのなかでは一番シンプルな模様なので、これなら描けると、やりはじめたもののうまく描けない。シンプルであるからこそごまかしが効かず苦労したそうです。

暖かい顔、静かな姿

少しずついろいろなものが描けるようになり自分のこけしが売れるようになってくると、自分のこけしを作ってやる！　という気持ちが出てくる、という正吾さん。自分のこけしはこうだ！　と、表情鋭く自己主張の強いこけしを喧嘩腰で作る時代が続いたそうです。正吾のこけしはどこまでいくんだ？　そんなことを蒐集家にいわれることもありました。

それから三十年ほど経った頃、ある蒐集家が大正期の武蔵さんのこけしを正吾さんに見せました。そのこけしは、ひたすらに静かで優しくやわらかく温かく自然。自分の作っている激しく自己主張の強いこけしとは真逆のこけしでした。

「本来、こけしというものはこういうものだったのかな……そう思うと、自分のこけしはいったいなんだったんだろうか、という気持ちになりましてな。自分のなかの『こけし』というものがガラガラーっと崩れてしまって、さびしく気力のない表情のこけしを作るようになってしまったんです。わからなくなってしまってね」

そんな正吾さんのこけしは、あるこけしとの出逢いで息を吹き返します。それもまた武蔵さんのこけしでした。そのこけしを写すことを依頼された正吾さんは、武蔵さんは何を思ってこれを作っていたのか？　こけしとはなにか？　こけしそのものの追求をはじめます。

　こけしの世界には「温顔静姿」という言葉があります。写しを依頼された武蔵こけしはまさに温かい顔、静かな姿で、「温顔静姿」そのもの。それ故強い特徴がなく、何をどうとらえればいいのかわからず、写すことは容易ではなかったそうです。

「これからは肩肘のはった、とんがったこけしではなく、流れるように、まろやかで自然なこけしを作っていきたい。こけしは本来そういうものなのかもしれないなあ。こけしというのは作る人、作る時間によって変化していけばいいもので、何かに固執することなく正直に無理することなく作っていけばいいんだろう。自然に作っても自分のこけしになってしまうわけだし、自分から逃れることなんてできっこないのだから、それでいいと。特徴のないこけしだけど、このこけしに飛び込んでいけば、こけしがどうにかしてくれるだろう、そのときにそんなことを思ったんですな。あれから三十年以上経ちましたが、今もその気持ちはほとんど変わらないです。自分をこけしのなかにぎゅーっと押し込めるのではなく、おおらかな気持ちで作っています。無理をしない、そのままの人間がこけしのなかにいないのであれば、こけしの役には立たないのではないか、と思います」

伝統こけしのはじまり――

伝統こけしは東北地方で作られる木の人形です。轆轤で挽いた円筒状の木地に、着物の柄である華模様、髪飾りと目、鼻、口が簡潔に描かれ、素朴なたたずまいは人をやわらかい気持ちにさせます。

どれも同じような形態をしているので、興味がなければ同じに見えてしまうかもしれませんが、こけしには系統というものがあります。

青森県の津軽系、秋田県の木地山系、岩手県の南部系、宮城県の鳴子系、作並《さくなみ》系、遠刈田《とおがった》系、弥治郎《やじろう》系、山形県の肘折《ひじおり》系、蔵王《ざおう》系、山形系、福島県の土湯《つちゆ》系の十一の系統に大きく分類されます。その他、雑系といわれるどこにも属さないものもあり、それぞれの系統ごとに異なった魅力、特徴があります。

こけしは幼い子どもの遊び相手として、東北の湯治場の土産として木地師に作られるようになったといわれますが、そもそものはじまりは諸説あります。

桑の木で作られた家庭で祀る神さまであるオシラ様（岩手県）や、山の神に奉納する木人形の山中三助（青森県）などを起源とする信仰玩具説。木地師が自ら轆轤で挽き、子どもに作り与えた固有玩具説。他にもありますが、どれも確たる証拠がなく、湯治場土産以前の姿は想像するしかありません。

木地師とは、轆轤を用いて盆やお椀など器物を製作する職人のことで、轆轤は五、六世紀頃、渡来人によって日本にもたらされたといわれています。七七〇年に東大寺に納められた百万塔（百万個の小さな塔）の精巧さからも、当時既に日本に高度な轆轤技術が根付いていたと考え

1、津軽系（青森県） 2、南部系（岩手県） 3、木地山系（秋田県） 4、鳴子系（宮城県）
5、作並系（宮城県） 6、遠刈田系（宮城県） 7、弥治郎系（宮城県） 8、肘折系（山形県）
9、蔵王系（山形県） 10、山形系（山形県） 11、土湯系（福島県） 12、雑系／中ノ沢（福島県）

られます。その後、木地師は良材を求め時代とともに各地を渡り歩き、幕末の頃には日本全国にその技術が伝わりました。

江戸時代、人々の生活が安定して土人形や張子などの玩具作りが盛んになると、木地師たちも轆轤で玩具としての人形を作り、各地の湯治土産として多くの人が買い求めるようになります。そして昭和に入り、こけし専業の工人と呼ばれる人たちが出てきます。これが現在のこけしのはじまりです。

しかし、木地師がいたのは東北だけではないにも関わらず、なぜ東北にだけこけしがあるのか？　厳しい冬の内職として盛んだったから？　深い山々と関わりがあるのか？　東北ならではの文化が関係しているのか？　今も謎に包まれたままです。

そんな神秘性もこけしが人を惹きつけてやまない理由のひとつかもしれません。

「こけし」という名前は、昭和十五年（一九四〇）の全国こけし大会で統一されます。

もともと「こけし」と呼んでいたのは宮城のみで、こけしは木でできた芥子人形（堤人形）を意味するといわれています。秋田では木でできたおぼこ（子ども）で「きぼこ」、福島では木でできたデコ（人形）で「きでこ」。実は地方によって様々な呼び名がありました。

「子消し」がもともとの起源といわれることがありますが、「消す」が「殺す」と同じように使われるようになったのは戦後のヤクザ映画から。この説はまったくのデタラメです。こまったものです。

こけしの「こ」は「子」ではなく「木」なのです。

中部・北陸・甲信越地方

富山土人形　富山県

右ページ上から、だるま、替え物3点、左ページ上から、抱雛、自転車乗り婦人、福徳人形5点

富山土人形　富山県　うれしい駄菓子のおまけ・福徳人形

富山土人形は嘉永年間（一八四八〜五五）、富山藩主前田利保に招かれた名古屋の陶工が窯を築き、その子が仕事のかたわら作ったのがはじまりといわれています。藩の経済政策として土人形作りが奨励され、民間信仰や縁起物、雛節句などにちなんだものが多く作られていました。

どの人形も興味深いですが、小ぶりな人形に特におもしろいものが多いように思います。正月、福徳袋に入れて駄菓子のおまけとして用いられた「福徳人形」はとりわけおもしろいです。鳥、牛、犬、鯛、狐、亀、天神、宝珠、鯛船などの種類があり、二センチほどの小ささ。当時の子どもたちはこの福徳欲しさに駄菓子をねだったのだろうなと想像が膨らむかわいらしさに溢れています。

そして忘れていけないのが「替え物」。全国各地で開催されている鷽替《うそか》え神事は有名ですが、富山でも多くの神社で行われていました。替えるのは鷽だけでなく、亀、俵、宝珠などがあり神社によって違います。パステルカラーの淡い色合いに金紛がまぶされるだけのシンプルなもので、通常作られる土人形とは趣が違い、まるで和菓子のようです。近年、

於保多神社の鷽いくつかの神社で替えものが復活しました。

ユーモラスなのは土のだるまです。かぼちゃのようなでっぷりとしたフォルムが印象的で、ちょろちょろと描かれた髭と情けない表情のおかしさに思わず笑ってしまいます。

また、藩主の前田家は天神様として祀られている菅原道真を遠祖としているので、天神をテーマにした土人形が多く作られているのも特徴です。

富山人形作りは明治後期に最盛期を迎えましたが、第二次世界大戦の空襲で型や窯を焼失したことで多くの窯元が廃業し、作り手は渡辺信秀さんひとりとなりました。渡辺さんが亡くなった現在は、渡辺さんのもとで人形作りを学んだ地元のとやま土人形伝承会と地元女性のグループ・土雛窯《つちびながま》のみなさんが伝統を引き継いでいます。

土雛窯では、渡辺さんの人形以外にも古い人形を発掘しています。その人形から型を取り、絵の具も昔と同じ膠《にかわ》に泥絵の具を混ぜたものを使用し、明治・大正の風格ある人形を現代によみがえらせています。

富山土人形を見ていると、郷土玩具が子どもたちのおもちゃとして主役だった時代が思い起こされ、じんわりと温かい気持ちになるのです。

乙川人形

愛知県

右ページ上から、飾り馬、蒸気船、鳩笛、左ページ、泥めんこ5点

乙川人形　愛知県　明るくおおらかな手押しの人形

知多半島の真んなかにある半田市で、古くから作られているのが乙川《おっかわ》人形です。文化文政年間（一八〇四～三〇）、飛脚を生業としていた杉浦伊佐衛門が京都と行き来するうちに伏見人形に魅せられ、犬乗り童子、歌舞伎人形などを参考にして土人形を作りはじめたのが起源といわれています。

身近なところでは、蕎麦屋などの店先でよく見る小判を抱いた正面向きの招き猫（常滑系）は乙川のものが原型と伝えられています。

常時作られているのは、流し込みで作られる人形で、だるまや願い牛などが全国の神社仏閣に納められているそうです。

僕が郷土玩具らしい魅力を感じるのは、流し込みで作られたものよりも、手で土を押し込む手押しの人形のほうです。特に小型のものは眺めるだけで楽しくなるものばかり。「泥めんこ」と呼ばれる三センチに満たない小さな人形は、招き猫、狐、宝船、だるま、鯛、鯉、恵比寿、大黒などの縁起物がモチーフとなっています。鮮やかな色がシンプルに塗られ、筆をチョンと置いただけの表情は、見ているだけで顔がほころびます。

外輪が印象的な丸みを帯びた蒸気船や、極楽鳥のように派手な色使いの鳩はどちらも笛になっていて、とても楽しいものです。唐鞍《からくら》などで飾りつけられた馬の人形「飾り馬」も魅力的です。飾り馬は伏見人形をはじめ、他の多くの産地でも作られていますが、乙川人形のものはどことなく間抜けでかわいらしい。右の前足を引いて少し左に視線を落とした絶妙なポーズがそう見せているのでしょうか。

そんな人形たちの色使いは明るく気持ちがいいものばかりです。さえぎるもののない、おおらかな濃尾平野の明るさと関係しているのかもしれません。

人形作りは戦争が起きても途絶えることはありませんでしたが、昭和二十九年(一九五四年)頃に、新しい時代を迎えるにあたって、旧来の土型から石膏型の流し込みへと製法を変え、猫を海外へ輸出したり、国内向けに招き猫や貯金箱を作るようになったそうです。手押しの人形作りをやめたことから、郷土玩具関連の書籍に「廃絶した」と書かれたこともあったとか。

しかし、一九八〇年代、手押し製法に適した良い土が手に入るようになり、蒐集家の強い勧めもあって手押しの人形作りが再開されます。現在は六代目の杉浦實さんを中心に一家で精力的に製造を行っています。

三角だるま（新潟県）

餅つき兎（石川県）

鯛車（新潟県）

鳩車（長野県）

蘇民将来（長野県）

中野の土人形（長野県）

三角だるま（新潟県）

阿賀野市で作られている張子のだるま。明治三十年（一八九七）頃から、群馬県の高崎だるまにならって作られた張子製のだるまが柏崎や見附などで製作されるようになり、工程を省略していった結果、三角形のだるまになったといわれています。その後いくつかの産地で作られていましたが、徐々に作り手が減り、最後の作り手だった水原の今井マス子さんも現在は休業中です。58ページの絵は青いものが男だるま、オレンジのものが女だるま。

鯛車（新潟県）

江戸時代末期から新潟市（旧巻町）で作りはじめられた車付きの灯篭。お盆に子どもが曳いて町内を歩く光景は夏の風物詩になっていました。戦後、交通事情の変化などもあり途絶えていましたが、二〇〇四年から市民による「鯛車復活プロジェクト」がはじまり製作が再開しました。

餅つき兎（石川県）

天保年間（一八三〇～四四）に加賀藩の下級武士たちの内職として作られ、祭礼などで売られたのがはじまりといわれています。その他、木製のからくり玩具（米食い鼠など）、練物の八幡起き上がり、様々な張子などが中島めんやによって作られています。

鳩車（長野県）

弘化年間（一八四四～四八）、野沢村の河野安信があけびの蔓《つる》を割く道具を考案して土瓶敷や飯かごを作り、同じ技術で鳩車も作られるようになりました。明治に一旦途絶えますが、三十年（一八九七）頃に復活しています。戦後は「鳩爺さん」と呼ばれる河野平作が作り続けていましたが、当時の美智子皇太子妃（現在の皇后）の目に留まり献上されたことで鳩車は大ブームになりました。一時期は冬の農閑期の内職として多くの家で作られていたようです。現在は吉越ます子さんが作り続けています。

中野の土人形（長野県）

中野市で作られている土人形には、奈良家と西原家のものがあり、それぞれ違う起源があります。奈良家は奈良栄吉が文化文政年間（一八〇四～三〇）、福寿草の販売で京都へ行った際に伏見人形の型を譲り受け、中野に招いた職人に作り方をならい、中野人形として作りはじめました。西原家のものは立ヶ《たてが》花《ばな》人形と呼ばれ、明治三十年（一八九七）頃、愛知県三河の鬼瓦職人の斎藤梅三郎が、安養寺の瓦を作っていた西原已之作に冬期の副業として土人形作りを教えたのがはじまりといわれています。59ページの絵は中野人形の獅子被り。

蘇民将来（長野県）

上田市の信濃国分寺で一月七日、八日に開かれる縁日で頒布される木製の護符。ドロヤナギを六角柱に削り、それぞれに「大福、長者、蘇民、将来、子孫、人也」の文字と、厄除けの文様である「星」と「アミ」が書かれています。蘇民将来とは奈良時代の『備後風土記』にも登場する人物です。信濃国分寺が所蔵する「牛頭天王祭文」によると、牛頭天王が南海の神の娘と結婚するため旅に出たところ日が暮れてしまい、裕福な小丹長者に宿を求めたものの拒まれ、代わりに蘇民将来が貧乏ながら泊めてくれました。その後、目的を果たした牛頭天王が戻ってきて、蘇民将来とその妻に柳の札を作って蘇民将来の子孫であると書くよう命じます。その夜、牛頭天王は自分が素戔嗚尊（スサノオノミコト）であると名乗って小丹の一族を滅ぼし、後世に病が流行っても蘇民将来の子孫と名乗り柳の札を持っていれば逃れることができると告げたそうです。蘇民将来の護符はそんな伝説にもとづき、厄や病を払って福を招くとされています。

甲州だるま（山梨県）

おぼこ人形（新潟県）

初夢土鈴（愛知県）

桜井凧（愛知県）

でんでん太鼓（愛知県）

吉良の赤馬（愛知県）

おぼこ人形（山梨県）

早川町奈良田で古くから作られている木製の玩具。起源や由来は詳しくわかりませんが、女の子が産まれた翌年の小正月に、家長が桐や沢胡桃でおぼこ人形を手作りし、健やかな成長を願うというならわしがあったそうです。頭部が胸部より突き出していること、顔面のわずかな傾斜などに、奈良田の生業であった曲げ物作りの技術が生かされています。おぼこの「ぼこ」は子どもの意味。

甲州だるま（山梨県）

甲府市で作られている張子のだるま。はじまりは元禄年間（一六八八～一七〇四）と伝えられ、綿が白くできることを祈り、白いだるまを飾ったそうです。また、だるまは下を向いており、神棚に供えただるまと目が合うと願いが叶うといわれています。62ページの絵は親子だるま。まっすぐ前を見つめる子どもにも髭が生え、すでに立派に見えます。

初夢土鈴（愛知県）

名古屋市で江戸時代から作られていたようですが、その起源は不明です。「一富士、二鷹、三茄子」をかたどった縁起のいいもので、名古屋東照宮で授与されています。

桜井凧（愛知県）

安城市桜井町では明治初期より農閑期の副業として「桜井凧」が作りはじめられました。福助、天神、達磨、虻など様々な種類があり、とても手間のかかる方法と複雑な骨組みで作られています。現在、最後の作り手が休業。数と種類に限りがありますが凧茂本店で販売しています。63ページの絵は福助凧。

吉良の赤馬（愛知県）

貞享三年（一六八六）、三河国幡豆郡（現在の西尾市）の領主吉良上野介義央《よしちか》は人々を苦しめていた洪水を防ぐため治水産業に取り組み黄金堤を築きました。堤防建設のため愛馬の赤馬に乗って領内を視察する姿が立派だったことから、人々がその姿を讃え、練り物の赤馬の玩具を作りはじめたといわれています。63ページの赤馬の他、白馬、吉良が赤馬に乗っているものも作られています。現在は八代目の井上裕美さんが作っています。

でんでん太鼓（愛知県）

犬山市のからくり玩具。江戸時代、唐風の山車《だし》人形などに登場したものを明和安永年間（一七六四〜八一）に玩具化したといわれています。笛を吹くと風車が回り、上に取り付けられた人形がくるくる回って、太鼓を叩きます。現在はシルバー人材センターの郷土玩具研究会が作っています。

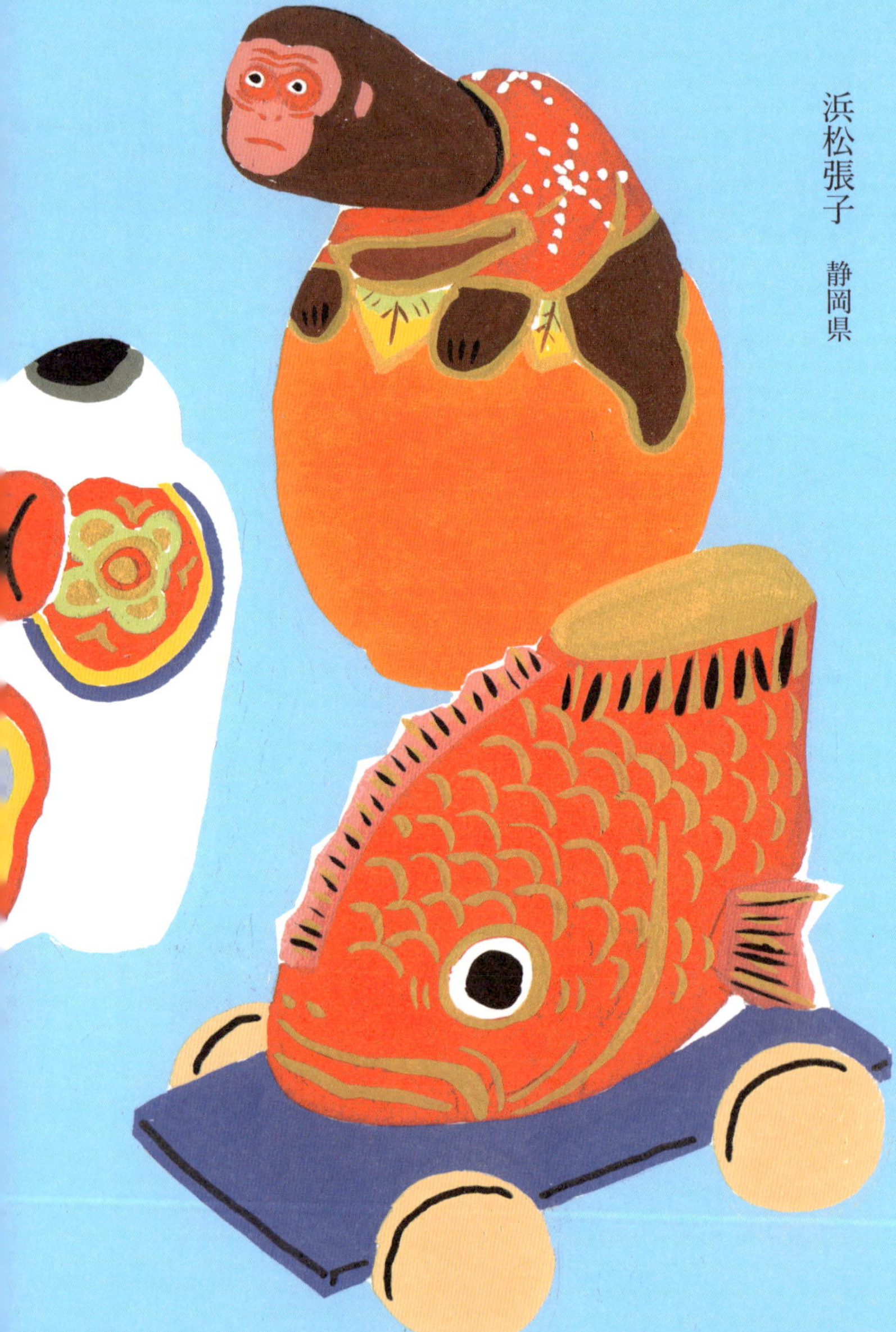

浜松張子

静岡県

右ページ上から、柿乗り猿、鯛車、左ページ上から虎、犬、ころがしの犬

浜松張子　静岡県　ほっこりめでたい動物やだるま

浜松張子の魅力はなんといっても変なところ。その「変」は奇をてらったものではなく、にじみ出てくるものです。

浜松張子には動物を題材にしたものが多く、なかでも両側にボール紙の車輪をつけた「ころがし」と呼ばれるものは他に類を見ない風変わりなものです。初代の頃からあった犬、狸、兎に加え、後の時代に十二支も揃いました。ヨロヨロと転がるその様は滑稽でかわいらしい魅力に満ちています。

自分と同じような大きさの柿に乗り、とぼけた表情を浮かべる柿乗り猿は、首振りと起き上がりの要素が入った手が込んだものです。

浮世絵などに描かれる鼻の尖った昔ながらの江戸張子を彷彿させる犬の張子、大きな瞳が可愛らしい首振りの虎、鮮やかな青い台車に乗った鯛。どれも愛嬌たっぷりで眺めているると笑みがこぼれます。

動物以外では、だるまに手足が生え頬を赤く染め魚を持った「酒買いだるま」というユニークなものがあります。これは亀戸の張子に影響を受け、二代目の永智《ひさとも》が作り出したもので、浜松張子のなかでももっとも「変」なものでしょう。

僕の子どもが生後半年にも満たない頃、このだるまを吊るしてベッドメリー代わりにしたところ、とても上機嫌になったことを覚えています。郷土玩具は赤ちゃんの気持ちも和らげるのだなとその力を目の当たりにしました。

浜松張子はどれも健やかで愛らしくて変。子どもたちとともに長年あった空気をまとっています。子どものための玩具の代表といってもいいのではないでしょうか。

江戸張子の影響を受けてはじまる

浜松張子は、明治初年に江戸から移住した旧幕臣の三輪永保《ひさやす》が江戸の張子に影響を受けて作りはじめたといわれています。永保は息子の永智に跡を継がせるため、玩具雑貨商「かすみや」で修行させます。永智は店主の織田利三郎に習いながら、亀戸の張子（埼玉県越谷市船渡地区で作られていた船渡張子の別称）も参考にして様々な張子を創案しました。

永智の代でさらに発展した浜松張子も、第二次世界大戦の空襲で工房が全焼、木型もすべて焼失し伝統が断たれてしまいます。浜松は飛行場や軍需工場が多く、東京・名古屋を空爆するB-29の往復ルートに位置することから「残った爆弾は浜松に落とせ」と多くの爆弾が落とされたといわれています。

戦後の復興期、すべてを焼かれて気落ちしている永智に代わり、永保の六女で永智の妹である二橋志乃が昭和二十三年（一九四八）に木型を再興し、張子作りを復活させます。子どもに与えるおもちゃがないという町の声を聞いて、志乃も「慰めのない子どもたちに何か作ってやりたい」という思いを抱いていたのでした。復興の象徴として張子を作るという意味合いもあったのかもしれません。

幼い頃からとても内気だった志乃はいつも家のなかにいて、両親からは「お前は年寄り子どもだ」といわれていましたが、張子作りへの情熱はすさまじく、「この仕事のためなら倒れてもかまわない」というほどだったそうです。

昭和三十四年（一九五九）に浜松張子は市の無形文化財に指定され、志乃は昭和四十六年（一九七一）に亡くなるまで多くの張子を復活させ後世に残しました。

志乃の後を継いだのは、志乃を手伝っていた嫁の加代子さんです。志乃は誰かに張子を継がせるつもりはなく、手取り足取り教えてはくれなかったので、胡粉《ごふん》（貝殻を焼いて作った顔料）塗りや絵の具の溶き方など、ほぼすべての工程を加代子さんは独学で習得し、浜

酒買いだるま

松張子を守ってきました。嫁という立場からか加代子さんは「浜松張子らしさを失わせたり、後継者を見つけられなかったら、お母さんにお墓にも入れてもらえない！」といっていたそうです。

　とはいえ先代たちが継いできたものをそのままやっているだけでは、自分は何もやっていないと思われてもしかたない。加代子さんは蒐集家や木型製作者の力を借りながら、オリジナルの張子を創案しました。そして、どんなものを作っても根底にあるのは「浜松張子らしさ」。それを忘れることは決してありませんでした。

　晩年の加代子さんは下張りをすることはなく、胡粉塗りや顔以外の彩色は娘の鈴木伸江さんが手伝っていました。二〇一七年に加代子さんが亡くなり、今は伸江さんが浜松張子を継いでいます。

ほっこりしてくれるものを作りたい

浜松張子の作り方は以下の通りです。

1 水で湿めらせた和紙を木型に張り付ける
2 さらに違う種類の和紙を、生麩糊で張り付け乾燥させる（大きいものだとさらにもう一枚重ねて張り付ける）
3 乾いたものに切り目を入れて木型から取り外す
4 切り目を細く切った和紙で糊付けし、ストーブや天日干しで乾かす
5 乾いたら、ゼラチンで溶いた胡粉をかけ天日干しで乾かす
6 ヤスリなどで細かい凹凸を削り、表面を滑らかにする
7 岩絵具で彩色し、部分的に膠を塗ってツヤを出し完成

だるまなどシンプルなものを作る場合はひとつの木型でできますが、たとえば首振りの虎では、顔、体、尾の三つの型を使い、下張りした後にそれぞれをくっつけていきます。酒買いだるまは、だるまの本体、二本の手、二本の足、ぶら下げる魚、付属品の「御通」と書かれた通帖、そのすべてをぶら下げる紐、八つの部品をくっつけます。

できあがりはのほほんとシンプルに見えますが、張子作りは細かく手が込んでいて時間のかかる作業なのです。

ただ、紙を張り形を作る作業より難しいのは彩色です。加代子さんからいろいろと教えてもらいはしたものの、胡粉がベチャベチャになってしまったり、絵の具もザラザラだったり、なんだかやりにくい。自分に合うように試しては失敗し、調整し、試して、失敗し……。それを繰り返していくことで感覚がつかめるようになり、なんとか自分に合った絵の具を作れるようになったそうです。

絵の具が作れるようになり、いざ描いてみると、今度は先代と比較され、蒐集家から「お母さんみたいにもっとさらさらっと、パパパっと描けばいいのに。顔なんかもこんなきちんと描かなくていいのに」といわれる厳しい世界です。

確かに、伸江さんが作る張子の表情は先代のものよりも丁寧に描かれ、生真面目さがあります。

ただ、僕が感じるのは、その丁寧さは「浜松張子」を繋げていきたい、永保・永智・志乃・加代子と繋がってきた浜松張子を作りたい、という思いからくるものではないかということです。伸江さんが作りはじめた当初、蒐集家に頼まれるまで、張子に自分の名前を描かなかったそうです。そんなエピソードからも、「自分よりも『浜松張子』」という強い意志が感じられます。

「母の晩年、作業場で一緒に作業をしているとき、『わたしは幸せよ、娘と一緒に張子作りができるなんて。ほんとうに幸せ』といっていたんです。きっと安心したんでしょうね、浜松張子を継がせることができて。これでお墓に入ることができるわって。少しは親孝行できたのかな、なんて思っているんです。だからちゃんと継いで行かなくちゃいけませんね。おばあちゃんや母がつなげてきたものをそのまま。自分がこれから新しいものを作ることもあるかもしれないけれど、母が『浜松張子らしさ』にこだわったように『浜松張子らしさ』は忘れずに作りたいですね。張子は美術品ではないし、もちろん芸術なんてものでもないんです。玩具ですからね。みんなが見て、ちょっと遊んでもらって、ほっこりしてくれるようなものを作っていきたいです」

そんな風に話す伸江さんの存在は、自我に酔った作り手たちが増えている近頃では、貴重な存在であり、ものづくりを伝承していく人として、鑑のような存在だとつくづく思うのです。技術の伝承だけでなく、心の伝承もなければ、そこには何も残りません。伸江さんの浜松張子を見るたびにそんなことを感じています。

だるまのはじまり

全国各地で作られる郷土玩具で最も種類が多いのはだるま。張子だるま、土だるま、木地だるま、石のだるままであります。だるまにはどんな起源があるのでしょうか。

だるまは禅宗の開祖である達磨大使がもとになったもの。およそ千五百年前の人物で、南インドの国王の第三子として生まれました。布教のために中国に渡り、少林寺の裏山の洞窟で九年間、無言で壁に向かい座禅を続けた、などたくさんの伝説の残る人物です。高い位の僧のしるしである赤い法衣をまとった達磨は、修行の時間に眠らないようにまぶたを切り落としたといわれ、その様子が今のカッと目を見開いただるまの図像になっています。

当時の中国では「酒胡子」という木地玩具が、酒席の遊び道具として親しまれていました。これが後に紙で作られるようになり、倒れた後に自動で起き上がるように細工され「不倒翁」と呼ばれるようになります。不倒翁は倒れないお爺さんという意味であることから、長生きの縁起物となり、娘や子どもをモチーフにしたものも作られるようになり、それが室町時代の日本に伝わり各地に広まりました。

不倒翁は日本では「起き上がり小法師」「起き上がり」と呼ばれるようになり、人間や動物をかたどって子どもの玩具として親しまれてきました。そのひとつとして江戸で達磨大使の顔が描かれたのがだるまのはじまりです。当時は達磨大使の肖像や伝説をもとにした禅画も多く描かれていました。人々に達磨大使の教えが広まっていたことの現われだったのでしょう。

だるまが作られた時代は、疱瘡（天然痘）で多くの人が命を落としていました。疱瘡除けには赤い色のものが効くという中国のまじないが日本でも信じられ、達磨大使の赤い法衣と結びつき、だるまの起き上がりは縁起物として、さらに広まっていきました。

そしてもうひとつ、蚕が繭を作れる状態まで成長したことを「起き上がる」といい、起き上がりのだるまは豊蚕祈願の縁起物としても好まれ、やがて所願の縁起物になったのです。

だるまといわれてすぐに思い浮かべるのは、全国の約八〇％を占めるといわれる眼が描かれていない高崎だるまだと思いますが、他にも各地で様々なだるまが作られています。

だるまのもととなった「起き上がり」、女性の顔の「女だるま」「おかめだるま」、京都の社寺などで授与される頭頂が金色の「金天だるま」、様々な人や動物に抱かれたり乗られたりするだるま、そして豆絞りの鉢巻を巻いた鉢巻だるま。鉢巻だるまは静岡県より西の地方で多く見られ、名古屋が発祥といわれています。鉢巻そのものは、もともと兜の下に巻くもので、闘う男の象徴。そんなことから鉢巻だるまは男性の性の奮起を願う意味も込められているようです。

インドからやってきた達磨大使は、中国からやってきた起き上がりと出会い、縁起物としてのだるまとして日本で生まれ変わりました。毎年各地で開催されるだるま市を達磨大使が見たら、どんな気持ちになるのでしょう。

不倒翁（中国）

達磨大師（インド）

鉢巻だるま（愛知県）

高崎だるま（群馬県）

郷土玩具の誕生と現在

郷土玩具とは、日本で古くから作られている郷土や風土に根ざした玩具（おもちゃ）です。器作りや農業の合間に作られてきたもので、基本的に「土」「木（藁など）」「紙」でできています。その多くに子宝祈願、無病息災、五穀豊穣など人々の願いや祈りが込められており、祈祷や信仰に使われていた土偶、木偶、形代《かたしろ》が起源と考えられています。土偶、木偶、形代など、役目を終え捨てられていたものを子どもたちが拾い、それで遊ぶこともあったでしょう。それを見た親たちはきっと「あんなもので遊んでいるぞ。あんな使い古しじゃなく、作ってみようか…」などと思い、その土地で採れる材料で思い思いに人形を作り、子どもに与えていたのではないでしょうか。そんなところに郷土玩具、玩具そのもののはじまりがあるように僕は考えています。

郷土玩具の誕生

玩具が盛んに作られるようになったのは元禄年間（一六八八〜一七〇四）で、経済発展により町人中心の都市文化が活発になったことで人々に行楽や祭礼の楽しみが浸透し、土産物として各地で売買されるようになりました。

藩の経済政策としても玩具作りが奨励され、ますます全国各地で様々な玩具が作られるようになります。安永二年（一七七三）、北尾重政が描いた絵本『江都《えど》二色《にしき》』には当時の代表的な江戸の玩具が八十八種も紹介されました。当時の風俗を描いた浮世絵にも玩具はたびたび登場し、人々の生活に根付いていたことがよくわかります。

明治時代に入ると廃藩置県によって藩の支援がなくなり、玩具の作り手が減ります。ブリキやセルロイドでできた外国製の玩具の勢いにも押され、郷土玩具が衰退の一途を辿っていた頃に現われたのが俳人清水晴風です。

竹内久遠、仮名垣魯文、内田魯庵、大槻如電、巌谷小波らの集い「竹馬会」に持ち寄られた玩具を見た晴風は、そこに日本古来の美や郷愁を感じ、その魅力にのめりこんでいきます。

収集と調査を進めるにつれ、もっと多くの人々に玩具について知ってもらいたいと考えた晴風は、明治二十四年（一八九一）、自ら絵を描いた玩具画集『うなゐの友』初編を刊行します。「うなゐ」は「子ども」という意味です。

埴輪

木偶

土偶

『うなゐの友』は二十三年を費やして、大正十三年（一九二四）までに十編が刊行されました（晴風は六編で亡くなったため七編から十編までは画家の西沢笛畝《てきほ》による）。徐々に全国に広まり、玩具は大人の鑑賞用として注目されるようになります。こけしが初めて文献に載ったのも明治二十四年（一八九一）刊行『うなゐの友』初編といわれています。晴風は晩年、「玩具博士」と呼ばれました。

『うなゐの友』刊行後、それに触発されたように多くの玩具画集が発刊されました。大正三年（一九一四）には山内神斧《しんぷ》による『寿々（Jou jou）』が刊行されます。これは世界各国の玩具の画集で、『うなゐ

『江都二色』
日奈久の板角力のようなものが描かれている

『うなゐの友』初編
今はなき一ノ関こけしが描かれている

の友』外国版といわれています。大正五年（一九一六）には淡島寒月の『おもちゃ百種』、大正七年（一九一八）には川崎巨泉の『巨泉おもちゃ絵集』も刊行されます。

これら大正の玩具絵本が発売された頃はまだ「郷土玩具」という言葉はなく、「郷土」という言葉もあまり知られていませんでした。子どもが持つおもちゃを大人が楽しむということで、郷土玩具は「大供玩具」と呼ばれたり、「土俗玩具」「地方玩具」とも呼ばれました。

「郷土」という言葉は明治から用いられるようになり、明治四十三年（一九一〇）に新渡戸稲造が主宰して柳田國男が幹事となった郷土会の結成で郷土研究が盛んになります。大正二年（一九一三）には柳田と高木敏男によって雑誌『郷土研究』が創刊されました。

「郷土玩具」という言葉が最初に活字になったのは大正十二年（一九二三）一月、田中緑紅による雑誌『郷土趣味』の連載「郷土的玩具の話」とされています。

そんななか大正十二年（一九二三）、関東大震災で東京を中心とする一帯は壊滅的な被害を受け、郷土玩具も命を奪われ再び姿を見せるものは多くありませんでした。

家庭や若者に広まった郷土玩具

街が失われたからこそ郷愁に駆られるのか、関東大震災後、郷土への関心がますます高まります。

農民にものづくりの技術と喜びを伝え、産業に発展させようとした山本鼎《かなえ》は大正八年（一九一九）に長野の神川村に「日本農民美術建業の趣意書」を配布し、農民美術練習所を神川小学校に開講して農民美術運動をはじめます。「民衆的工藝品」の美を発見した柳宗悦らによる民藝運動が本格的にはじまったのは大正十五年（一九二六）でした。同年、有坂与太郎による『日本玩具集 おしゃぶり』東北編が刊行されます。

昭和三年（一九二八）には初めてのこけし専門書、天江富弥著『こけし這子の話』が出版されます。その後も玩具関連書籍があいついで出版されるなか、決定版のように出版されたのが昭和五年（一九三〇）、童画家の武井武雄による『日本郷土玩具 東の部』（四年後に西の部も刊行）です。日本全国の郷土玩具を体系的に詳細に、ときに厳しい言葉も交えながら情熱的に紹介したこの書籍によって、玩具蒐集・研究が一般家庭や学生にも広まります。「郷土玩具」という言葉が定着したのも、この書籍によるところが大きいのではないでしょうか。

ところが再び郷土玩具は危機を迎えます。第二次世界大戦により、たくさんの産地や玩具が姿を消し、武井武雄のコレクション「蛍の塔」をはじめ、多くの貴重な玩具が焼失しました。武井のコレクションは一万点以上あり、池袋の自宅の庭に陳列館を作り保存していたそうです。「蛍の塔」と名付けたのは北原白秋でした。

生きることで精一杯だった戦争の時代の傷が癒え、街が復興するにつれ、郷土玩具が再び作られます。一九六〇年代頃からは、マイカーブーム、旅行ブーム、そして民藝ブーム、郷土玩具ブームが起きます。デパートでは即売会が毎年開かれ、開店前から長蛇の

廃絶した玩具たち

静岡張子（静岡県）

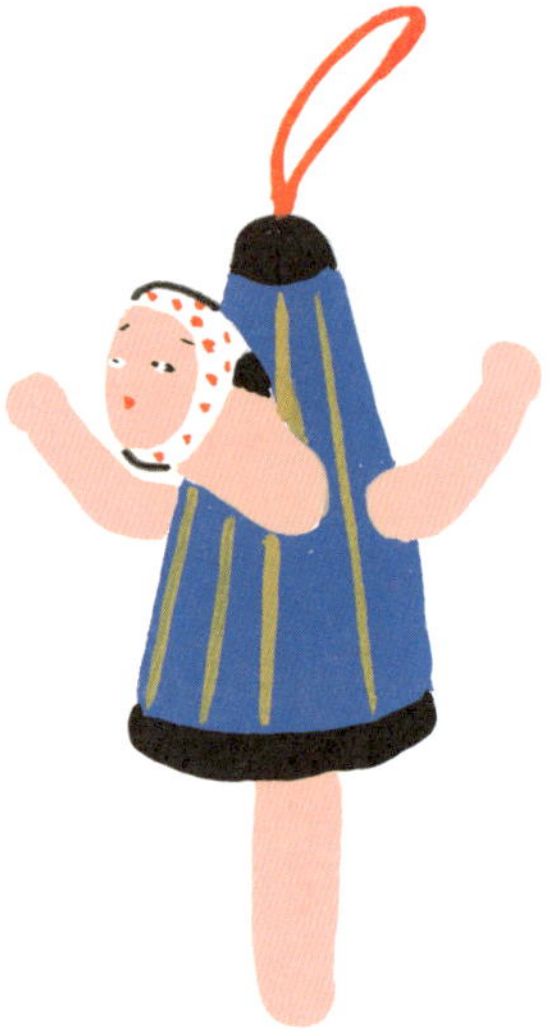
亀戸張子（埼玉県）

ジョーキ船（島根県）

列ができ、企業が投資の対象として郷土玩具を大量購入するほどでした。
そんななか、大家のように振る舞って値段を釣り上げる作り手が現われたり、郷土性のかけらもない、まがいものが多く作られるようになります。
まがいものの多くは機械で大量に作られているため安価なので、「思い出にひとつお土産でも買って帰ろうか」という気分の多くの観光客に好まれました。反対に、ひとつひとつ手仕事で作られている郷土玩具は値段を下げることができず、売れ残り、徐々に店先から姿を消してしまいました。
それに加え、作り手の高齢化、後継者や材料の不足も郷土玩具の世界に暗い影を落

鳥取張子（鳥取県）

下総張子（千葉県）

北条土人形（鳥取県）

とします。僕が今まで訪ねた産地にも、亡くなったり、廃業してしまう最後の作り手が何人もいました。悲しくさびしいことですが、それが実情です。

手仕事ブームとその影

いっぽう、ここ数年は伝統を守ろう、郷土玩具を残そうという動きが活発になっていると感じます。デジタル生活の疲れや二〇一一年の東日本大震災の甚大な被害をきっかけに、郷土や手仕事の魅力が見直されていることがその理由のひとつにあるのでしょう。

ただ、そこで作られる玩具には郷土性も

その心もない人が作ったものが混じっていることも少なくないです。技術の伝承だけでなく、心の伝承がなければ、それはただのイミテーションでしかありません。それは郷土玩具の核のようなものがごっそりと抜け落ちた、空っぽの玩具でしかないのではと僕は感じています。

しかし、ドキドキするような素晴らしい玩具を作り続けている人々は、確かに各地に存在しています。

どんな場所でどんな玩具を、どんな人がどんなことを想い作っているのか。想像すると胸が高鳴り、木や土やニカワの匂いのする工房に出かけたくて、うずうずしてくるのです。

関東地方

鴻巣の練物　埼玉県

右ページ上から、鯛車、鯛乗り金太郎、左ページ上から、天神、熊乗り金太郎

鴻巣の練物　埼玉県　身がすくむほどの赤は病除け

古くから節句人形や桐材の家具の産地として有名な埼玉県鴻巣《こうのす》市では、それらを作る際に出る木くずにのりを練り混ぜて木型に入れ、固め、天日で乾燥させ、胡粉を塗って彩色した「練物」という赤い玩具が作られています。この製法は江戸の初期、日光東照宮の設営に携わり、その帰り道に鴻巣に住んだ職人たちが伝えたのがはじまりといわれています。

赤い色は、子どもの命を奪う天然痘除けのまじないになると信じられ、だるまをはじめ多くの郷土玩具や縁起物に使われてきました。それらは「赤物」と呼ばれ、なかでも鴻巣のものは「赤物といえば鴻巣」といわれるほど代表的なものとなりました。

鴻巣の赤物は名前の通り、とにかく赤い。

初めて見たとき、あまりの赤さにひるんでしまったほどです。郷土玩具に込められた願いが、かわいらしさとはひと味違う魅力で伝わってきます。

黒い熊に金太郎が乗った「熊金」は、熊も金太郎もぎゅっと口を結び、眼光鋭くキリッとした表情でこちらを見つめます。子どもが無事に育つようにと願いを込め、様々な土地で熊金は作られていますが、赤い金太郎が乗るこの鴻巣のものが、最も強烈ではないでしょうか。

激しく水しぶきがかかった黒い車の上に、得意気な顔で力強く尾ひれを振り上げた真っ赤な鯛が乗っているのは「鯛車」。黄色いうろこは鮮烈で、シンプルな造形に彩りを加えています。菊の紋のような車輪の造形も見ていて飽きません。

やわらかな笑みを浮かべる「天神」も赤く、着物の袖の青がそれを際立たせています。天神も学業成就や除災招福を願って全国で作られていますが、鴻巣の天神は梅の紋が描かれていないのが特徴です。他地域のものは、天神様こと菅原道真が好んだ梅が描かれているのが一般的です。理由は定かではありませんが、産地や作り手によるちょっとした違いも郷土玩具の楽しさのひとつといえます。

他にも干支ものをはじめ、だるまや招き猫、海老などのおめでたいものなどが作られ、どれも赤を基調としていています。

明治から昭和初期は五軒ほどで作られていた赤物も、現在は臼井人形店と太刀屋の二軒のみ。玩具の製作技術としてはじめて重要無形民俗文化財に指定された真っ赤な人形たちが、ずっと作り続けられることを願うばかりです。

多摩だるま　東京都

右ページ反時計回り、だるま抱き招き猫、だるま、おかめだるま、左ページ上から、だるま抱き横向き招き猫、天神

多摩だるま　東京都　家内安全・蚕がよく育つことを願って

多摩地方は古くから織物の産地として有名です。蚕がよく育つことを願ってだるまを神棚に飾る風習があり、農家の副業としてだるま作りが盛んだったようです。

江戸末期、萩原友吉という器用な男が群馬の高崎から売りにきた張子のだるまを参考に作りはじめたのが多摩だるまの起源といわれています。

関東各地では毎年正月から春先にかけて、だるま市が開催されます。なかでも日本三大だるま市のひとつ、三月三日・四日の「深大寺《じんだいじ》だるま市」は都内最大規模です。多摩地方のみならず高崎、埼玉のだるま屋が並び、境内をだるまの赤一色に染め上げます。

多摩だるまの産地では、猫がだるまを抱えている張子も作られています。蚕の敵である鼠を捕まえる猫とだるまが組み合わさった二重の縁起物です。作り手によって異なる魅力があり、なかでも僕が好きなのは会田家と根岸家のものです。

会田家のものは横を向いたり、上に乗ったり、抱えたり、だるまとともに様々なポーズをとる猫の無邪気さが表現され、愛嬌たっぷり。やわらかさを感じる形も魅力的です。

根岸家の猫は細身でどこか怪しげです。特に黒猫には呪術的なムードがあり、異様な存在感があります。「おかめだるま」は、近所のおばさんのような温かく親しみやすい表情が魅力的です。

現在、全国各地で作られている張子のだるまは、効率化のために機械で生地をつくる真空成型という製法が主流になり、玩具としての味わいは薄まってしまいました。

そんななか、多摩だるまはいまだに紙を一枚一枚手で張ったものがほとんどです。

ただ、悲しいことに、だるま市などで真空成型と手張りのものを並べると、つるりとしていてきれいだからということで、真空成型の方が多く売れてしまうようです。

機械で作る張子にはきれいさや均一さ、生産性の高さという大きな利点があります。しかし紙を重ねて張られたからこそ感じられるふくよかさや、手張りならではの不器用な味わいに、郷土玩具の美しさは宿るのだと思うのです。それこそが郷土玩具の大きな魅力ではないでしょうか。

ずっと手張りのだるまが作られていくことを願うばかりです。

大山の木地玩具　神奈川県

右ページ上から、車、大山独楽、左ページ上から反時計回りに、兎笛、りんごかご、おかめ独楽、だるま独楽

大山の木地玩具　神奈川県　独楽のように人間関係も生活もよく回る

大山は古くから山岳信仰の対象として有名で、山頂には阿夫利《あぶり》神社があり、多くの参拝客で賑わっています。今でも昔のなごりを残して「先導師旅館」と看板を掲げる宿が多く、神聖な空気をまとった土地です。

大山詣りの土産物として大山の木地玩具は作られ、発展してきました。使われる材料は主にミズキ。ミズキはその名前の通り水を多く含む木なので、乾燥させるのに九ヶ月ほどの時間がかかります。荒削りしたあと轆轤で挽き、それらを組み合わせ様々な玩具を作ります。

なかでも独楽《こま》は、「人間関係も生活もよく回る」ということから好んで買われていたようです。

独楽以外にも竹蛇、臼と杵、だるま落としなどが古くから作られ、安永二年（一七七三）刊行の玩具絵本『江都二色』や明治・大正の玩具画集『うなゐの友』にも大山名物として描かれ、とても人気のあるものでした。

その他、作り手のひとりである、はりまやの播磨啓太郎さんが作る木地玩具も特別に楽しいものです。東北の木地玩具を啓太郎さんの解釈で作ったもので、糸引き独楽、だるま独楽、野菜独楽、野菜かご、自動車、猫、鳩、笛、カチカチ、ウサギの餅つきなど数え切れないほど多くの種類があります。

啓太郎さんの玩具はどれも明るく、元気で、無邪気です。小さな子どもが我を忘れ夢中で遊ぶ顔を見たときのように思わず頬ずりしたくなるような、笑ってしまうくらいにかわいらしいたたずまいをしています。日々のイライラを忘れ、まあ、どうにかなるだろうと軽やかな気持ちにさせてくれます。

戦前には大山には三十人以上の木地師がいましたが、現在、独楽を作っているのは啓太郎さんを含めたったの三人です。

そして独楽以外の玩具を作るのは啓太郎さんただひとりです。啓太郎さんには弟子はいません。啓太郎さんが辞めてしまったら、この玩具たちにはもう会えなくなってしまうのでしょう。そんなことを思うとてもさびしい気持ちになりますが、玩具は変わらず無邪気に微笑んでいます。

佐原張子

千葉県

右から、亀車、虎、蟹車、招き猫

 佐原張子

佐原張子　千葉県　ゆるい形、ゆるい色のやさしい世界

千葉県香取市では佐原《さはら》張子が作られています。大正七年（一九一八）、漁師の鎌田清太郎が亀戸張子を参考に自分で木型を作ったのがはじまりといわれています。清太郎は首振りの虎、亀車、蟹車、だるまなどを創作し、香取神宮や鹿島神宮の露店で販売していたそうです。

清太郎の息子は早くに亡くなり、清太郎も病気がちだったことから、孫の芳朗さんが枕元でだるま作りをならい、昭和二十九年（一九五四）に佐原張子を引き継ぎました。

昭和六十二年（一九八七）には千葉県の指定伝統工芸品になり、現在は芳朗さんが「佐原張子三浦屋」を営んで六十年以上張子一筋で作り続けています。

一般的に張子は木の型に和紙を張って作りますが、芳朗さんの張子は木型だけでなく、粘土で型を作ることもよくあります。その形はゆるく、色を塗らなければそれが何であるかわからないほどです。そこにさらにゆるい色が塗られ、のんびりした空気を放ちます。「子どもの工作のよう」というい方をよくしますが、佐原張子は子どもどころか「赤ちゃんの工作」に近いかもしれません。郷土玩具でここまでゆるいものは他になく、少し間違

えれば破綻してしまいそうです。それでもギリギリのところで郷土玩具として成り立っているは、芳朗さんが郷土玩具の本質をわかっている、郷土玩具は本来は大人の観賞用ではなく、子どもの側にあるものということをわかっているからに違いありません。

芳朗さんの首振りの虎は頼りなく情けない表情で尾を精いっぱい振り上げます。キョロキョロと周りを伺うような目をした蟹車、小判をくわえた鋭い目の亀車は背中の紐を引くとカタカタとすばやく動きます。

そしてもっとも代表的なのは招き猫です。これぞ佐原張子というべきゆるさで、それが招き猫であるということは、色がなければわからないかもしれません。黒くて大きな目は産まれたばかりの赤ちゃんの目のように純真そのもので、何も考えていないようにすら見えます。その目をずっと見ていると、佐原張子のゆるい、どんなことも受け入れてくれそうなやさしい世界へ引きずり込まれてしまいそうです。

黄鮒（栃木県）

萩日吉神社の神猿（埼玉県）

高崎だるま（群馬県）

芝原人形（千葉県）

すすきみみずく（東京都）

千住絵馬（東京都）

黄鮒（栃木県）

宇都宮で作られている張子。天然痘が流行した際に金色（黄色）の鮒を病人にお供えしたところ、たちまち病気が治ったという伝説にちなんで作られました。黄、赤、黒の玩具らしい色彩がいいです。

高崎だるま（群馬県）

高崎市の達磨寺の開山にともない、中国から帰化した心越禅師が描いた達磨座像をもとに作られたといわれている張子のだるま。この地域は養蚕業が盛んで、蚕の「あがり」のいいことを願って起き上がりのだるまを買い、まず左目を入れ、願いが叶ったら右目も書き入れるという風習が昔からありました。選挙の当選を祝って目を入れるのは、ここにルーツがあります。関東だるまの元祖であり、現在、全国のだるまの約八〇％を占めています。だるまといえば高崎、高崎といえばだるまといえるでしょう。

萩日吉神社の神猿（埼玉県）

神社の境内に生える白楊（ドロノキ）で手作りされる神猿人形。此企郡の萩日吉神社において一月の例大祭でのみ授与されています。病気の箇所と同じ神猿の箇所を針で刺せば病気が治るといういいつたえがあるそうです。猿といわれなければわからないほど、すさまじいデフォルメです。

芝原人形（千葉県）

明治初期、田中錦山が東京の今戸焼をもとに長生郡長南町芝原で作りはじめ、招き猫、十二支、大黒様などの縁起物を題材として人気を呼びました。戦後は孫の謙次が作っていましたが、昭和四十六年（一九七一）に謙次が亡くなり一度途絶えます。しかし昭和五十六年（一九八一）に千葉惣次さんが田中家の承諾を得て復元し、四代目を継承しています。１０７ページの絵は福助雛。幸せがにじみ出ています。

千住絵馬（東京都）

東京都足立区の吉田絵馬屋が作った、黒枠の経木が付けられた手描きの絵馬が様々な神社仏閣に納められています。吉田家は江戸時代後期から絵馬を作り、かつては約四十種類の様々な図柄の絵馬を奉納していました。現在、多くの絵馬がシルク印刷で作られているなか、吉田家の手描きの絵馬は大変貴重です。１０７ページの絵は千住の長円寺のめやみ地蔵で授与される、強烈で楽しい向かい目絵馬。

すすきみみずく（東京都）

十月の鬼子母神の御会式、雑司が谷 案内処で売られている豊島区のすすき製玩具。母親が病気になってしまった貧しい女の子が薬を買うこともできず鬼子母神に願掛けをして神前でウトウトしていると、鬼子母神が蝶の化身となって現われてすすきでみみずくを作る方法を教えてくれたと伝えられています。女の子が実際に作ってみると飛ぶように売れて薬を買うことができ、母の病気も治ったため、ご利益のあるすすきみみずくが、その後も縁起物として作られるようになりました。子どもを抱いたすすきみみずくもあります。

とんだりはねたり（東京都）

亀戸天満宮の木鷽（東京都）

犬張子（東京都）

横浜開港人形（神奈川県）

親子狸（東京都）

伊勢原のせみ凧（神奈川県）

とんだりはねたり（東京都）

半分に割った竹の上に張子製の人形が乗り、底に付けけられた竹のバネで人形が跳ね上がり、頭部の被り物が飛ぶ仕掛けになっている、からくり玩具。起源ははっきりしていませんが、江戸時代の画集『江都二色』にも描かれ、古くから人々に親しまれていたことがわかります。浅草の江戸趣味の店「助六」で買うことができます。110ページの絵はその店名にもなっている、歌舞伎の演目「助六」です。

犬張子（東京都）

台東区で作られている張子玩具で、起源は室町時代といわれています。犬はお産が軽いことから、産室に天児、這子などとともに飾られた犬筥《いぬばこ》がもとになっています。江戸時代、雛祭りが庶民に定着すると、犬筥は雛壇にも飾られるようになり、その後、単独で飾られる張子へ姿を変えました。当初は現在のものよりも写実的な造形でしたが、明治頃から今のような丸い顔に変化しています。江戸の郷土玩具といえばこれ、という代表的なものです。現在はいせ辰で作られています。

亀戸天満宮の鷽（東京都）

天神（菅原道真公）を祀る神社で毎年一月二十四、二十五日に行なわれる「鷽替え神事」では、木彫りの鷽が授与されます。鷽は道真公の使いとされ、鷽替え神事とは、木彫りの鷽を購入し、毎年交換することで、一年の悪い出来事を「ウソ」にして、今年はいいことがありますようにとお祈りをする行事です。鷽が道真公の使いになった理由は、「菅原道真が蜂の大群に襲われたとき鷽の群れが助けた」「太宰府天満宮の梅の木に群れていたから」など諸説あるようです。江東区の亀戸天満宮では文政三年（一八二〇）、大阪天満宮、太宰府天満宮の行事にならい、はじめられたといわれています。

親子狸（東京都）

柳森《やなぎもり》神社（神田須田町）で授与されている土人形。柳森神社は境内に五代将軍綱吉の生母・桂昌院《けいしょういん》によって創建された福寿神祠があり、町人の出身でありながら他（た）を抜（ぬ）いて玉の輿に乗った桂昌院にあやかろうと、たぬきの像が奉納されています。親子の狸の土人形は勝負事の縁起物として、明治二十四年（一八九一）頃から作られています。黄色いお腹が福を呼びそうです。

横浜開港人形（神奈川県）

関東大震災で被災した村沢春吉が東京から横浜に移り住み、幕末から明治初期にかけての横浜開港時の風俗を表わした人形を作ったのがはじまったといわれています。その後、弟子の湯沢利夫に継がれ、湯沢さんの死後は、娘の秋山信子さんが作っています。１１１ページの絵は水兵。

伊勢原のせみ凧（神奈川県）

明治三十年代に伊勢原の大宝寺の住職によって寺の経済を支える副業として作られました。現在、大宝寺ではせみ凧作りを伝えるため愛好会を主宰し、定期的に活動しています。大中小、様々な大きさのせみ凧を製作しているそうです。せみ凧の赤、青、黄のシンプルな色は空に映えます。

今戸焼と古型今戸人形　東京都

右ページ上から、座り犬、貯金玉、鳩笛、左ページ上から、招き猫のピイピイ、口入稲荷狐、娘河童

今戸焼と古型今戸人形　東京都　待乳山の貯金玉、招き猫のぴいぴい

今戸焼は浅草今戸で江戸の町作りに必要な瓦や器を作るためにはじまり、そのかたわら、京都の伏見人形の影響を受け土人形も作られるようになりました。安価なことから浅草寺境内の露店や番太郎（町や村の番人）によって広まり、落語に「今戸焼」という噺があることからも今戸焼の土人形は庶民の生活に身近なものだったことが想像できます。

明治に入ると、今戸焼の人形玩具は他の産地同様に外国製の玩具に圧倒されて衰退し、後継者にも恵まれず、作り手の多くが廃業してしまいます。今戸焼の主力製品だった瓦や雑器の製造も、震災や戦災、復興のための宅地化によって、窯を用いることが困難になり、業者の多くが地域の外へ移住してしまいました。

最後の今戸人形師といわれた尾張屋春吉が昭和十九年（一九四四）に亡くなりますが、関東大震災の後、生活雑器を作っていた白井孝一が低調だった今戸人形の復活に取り組んでいたこともあり、今戸で人形は作り続けられました。現在は孝一の孫の裕一郎さんが継承し、精力的に人形を作っています。

そして一九九〇年頃より愛好家だった吉田義和さんも「古型今戸人形」という名前で製

作を開始しました。自分で掘った東京の土を使い、彩色も昔ながらのやり方で、江戸時代以来の今戸人形を再現すべく、古い今戸人形を手本に情味豊かな人形を作っています。

　白井家の人形は、先達の今戸焼の人形を進化させた上品で愛らしいもの。待乳山聖天で授与される二股大根が描かれた巾着型の貯金玉も白井家によるもので、大根には健康、良縁、夫婦和合、巾着には商売繁盛のご利益があるとされています。その他、黄色い顔の小さな鳩笛は、都会的でほっそりとして、吹くと軽やかな音がします。前掛けの青と赤のストライプが鮮やかな座り犬は、マスコットキャラクターのような愛くるしさがあります。

　吉田さんの人形には江戸期の人形を思わせる味わい深い魅力があります。人形の中に土玉が入っており、振るとカラカラと音がするのは古い時代の伏見人形を受け継いだ昔の今戸人形の特徴です。また、今戸人形は狐のモチーフが多いですが、口入《くちいれ》稲荷狐はその代表的なもの。口入稲荷とは玉姫稲荷神社の境内に鎮座する社で、口入とは仕事や縁談の斡旋のことです（絵は吉田さん作のもので、現在授与されているものとは異なります）。着物姿の河童がカゴに入ったキュウリを抱えた娘河童は他の産地にはないユーモラスなものです。土人形の下に木片と紙でできた鞴《ふいご》が付けられた「招き猫のぴいぴい」は、上下させると空気が送り込まれ「ぴいぴい」と音が鳴ります。まるで猫が鳴いているようでとても楽しいです。

丸〆招き猫
今戸焼　白井作

丸〆招き猫
古型今戸人形　吉田作

背に描かれた丸〆

招き猫のはじまり――

今戸人形では、招き猫の起源といわれている丸〆猫というものが作られています。

招き猫について書かれた最も古い記述のひとつは、嘉永五年（一八五二）、斎藤月岑によって東京の地誌が記された『武江年表』に見られます。浅草花川戸に住む老婆が貧しさゆえに愛猫を手放したところ、夢枕にその猫が現われて「自分の姿を作り祀れば福徳自在となる」と告げます。その通り猫の人形を作ると評判になり、今戸焼の猫の人形が浅草寺境内にある三社権現（現・浅草神社）鳥居周辺で売り出され、大流行したとのこと。

もうひとつは江戸時代後期の情報屋のはしり、藤岡屋由蔵が書いた『藤岡屋日記』です。嘉永五年の項に、「浅草観音猫の由来」と題し、

招き猫
伏見人形　丹嘉作

招き猫
今戸焼　白井作

浅草随神門内三社権現鳥居前で猫の人形が売り出され、それは「招き猫」とも「丸〆猫」（「丸〆」はお金や福が出て行かないように〆ておくという縁起かつぎの意味）ともいわれたと記されています。

同じく嘉永五年の歌川広重による錦絵「浄瑠璃町繁華の図」には、その招き猫が売られている様子が描かれています。図として描かれた招き猫はこれが最古のものとされています。

今戸神社、豪徳寺など、全国に招き猫発祥の地と呼ばれるところが数多くありますが、『武江年表』『藤岡屋日記』の記述によるならば、現時点では浅草三社権現の鳥居周辺が発祥の地ということになります。

では丸〆猫とはいったいどんなものだったのでしょうか。

現在見つかっている最古の招き猫は、新宿区水野原遺跡から出土した安政年間（一八五五～六〇）のもので、色は消えていますが、横座りをし、右前足を顔の横にあげ、招くような仕草（顔を洗っている？）をしています。そして背面には「丸〆」という刻印があります。「浄瑠璃繁華の図」で描かれた丸〆猫と形態が瓜二つであるため、おそらく、この丸〆猫とほぼ同じようなものが売られていたと考えられます。

また弘化五年（一八四八）から慶應四年（一八六八）に刊行された『犬の草紙』（曲亭馬琴『南総里見八犬伝』を平仮名で読みやすく抄録した合巻本）二六編の扉絵には、「丸〆」が空刷りで刷られた招き猫の後姿が描かれています。

このような横座りの招き猫が江戸土産として全国に広まり、各地で招き猫が作られるようになりました。招き猫といわれてすぐ思い浮かぶ正面を向いた招き猫は遅れて関西や中京地域を中心に作られたものと考えられます。人形の彫りの一部として鈴玉が描かれているものは古い丸〆猫の一部にも見られますが、実際の金属の鈴がつけられたのは戦前の京都あたりからではないでしょうか。

関西地方

住吉大社の土人形　大阪府

右ページ上から、御幣猿、種貸人形、初辰猫、喜々猿、左ページ上から、裸雛、睦犬

住吉大社の土人形　大阪府　ほがらかに性を描く縁起物

大阪市の住吉大社では住吉人形と呼ばれる土人形が授与されます。

これは土人形の元祖とされる伏見人形（134ページ）の流れをくんだもので、文政年間（一八〇四～三〇）には谷文晁《ぶんちょう》や曲亭馬琴らの随筆『耽奇《たんき》漫録』にも紹介されています。当時は土人形だけでなく、竹、木、貝などで作られた玩具もあったようで、住吉大社は郷土玩具の宝庫と呼ばれていました。

戦後しばらくはすべて手作業による味わい深い人形が作られていましたが、現在は機械で作るようになって味わいは薄まり、質感の素っ気なさをさびしく思います。とはいえ住吉人形独特のおおらかさは健在で、今でも十分におもしろいことは確かです。

住吉大社では社務所で土人形を授かり、背面に自分の名前を書いて社に納めると願いが叶うというならわしがあります。人形が境内にずらりと並ぶ様は壮観です。

住吉の人形には「初辰猫《はつたつねこ》」という紋付袴を着た商売繁盛を願う招き猫、御幣猿《ごへいざる》、宝船、干支ものなど、たくさんの種類がありますが、なかでも性をモチーフにした人形は、なまめかしい魅力を放っています。

「裸雛《はだかびな》」という裸の男女一対のおひなさまは、男びなは「笏《しゃく》」と呼ばれる細長い板状のものを、女びなは扇を手にしています。どちらも男女それぞれの象徴です。やわらかな形と淡い色で作られた人形の体はなんともなまめかしいです。

「睦犬《むつみいぬ》」という雄雌の犬が交尾をしている人形は、体が溶け合ってしまったように見えるほど睦み合い、やさしい表情をしています。重なり合う猿の人形「喜々猿《ききざる》」も同じく交尾中。こちらはなんだか楽しそうです。犬も猿もどちらも夫婦和合の縁起物です。

そしてはかま姿の巫女さんが赤ちゃんを抱いている「種貸人形《たねかし》」はその名の通り子宝の種を貸してくれる縁起物です。腕に描かれている金色の渦巻き模様は誕生や再生を意味しているのでしょう。

この人形たちが作られた時代は医療も発達しておらず、子授けや安産は神仏や縁起物に祈るしかありませんでした。切実な願いをほがらかなユーモアで包むやさしさは、大阪の風土ならではなのかもしれません。

全国各地で性に関わる郷土玩具は多く、モチーフとしては特に珍しいものではないのですが、住吉大社の土人形のおおらかさ、微笑ましさは他では見られないものです。

小幡人形　滋賀県

右から、松茸抱おかめ、鳩、餅つき兎

小幡人形　滋賀県　子宝祈願を正面から表現した松竹もの

小幡《おばた》人形の起源は元禄年間（一六八八～一七〇四）とされています。飛脚をしていた細居安兵衛が追いはぎの被害に頭を悩ませ、このまま同じ仕事はやっていられないと考えて、当時京都で人気のあった伏見人形の窯元で修行し小幡人形を作りはじめたと伝えられています。安兵衛の家が中山道に面していたこともあり、街道を往き来する人々にお土産として買われ小幡人形は全国に広まっていきました。

明治初期までは五軒ほどで作られていましたが、他の郷土玩具と同様に、ブリキやセルロイドのおもちゃに追いやられ衰退。現在は細居家九代目の源悟さんがひとりで作っていますが、息子の禎浩さんがその跡を継ぐため修行中です。

小幡人形でまず目にとまるのは、「松竹もの」と呼ばれる性にまつわる人形です。郷土玩具の多くに「豊作、無病息災、子宝」を願う祈りが込められていますが、松竹ものは子宝祈願を真正面から表現したものといえます。松竹(男性器)を抱えたおかめ、桃(女性器）を抱く猿などデザインは数十種類あり、どれもユーモラスな刺激に満ちています。

小幡人形でもうひとつ特筆すべきは色使いです。

黄、オレンジ、赤、ピンク、紫、青、緑などの泥絵具を用いたギラギラとした色は、繁華街のネオンを想像させ、グレーや淡いピンクといった中間色がコントラストになって効果を高めています。兎や鳩や虎など郷土玩具のモチーフとしてよく見かけるものにさえ、艶を感じます。

明治時代には違式《いしき》詿違《かいい》条例の取締などによって、全国で性的な人形の型が壊されました。先代の文蔵さんは昭和四〇年代にも警察に事情聴取され、そのときは裏の畑に掘った穴に型を隠して押収を免れたそうです。春画や盆踊り、凧上げ、入墨などが禁止された時代があったわけですが、近代の規制によって失われた文化が他にもたくさんあったに違いありません。おそろしいことです。

素朴でかわいらしい玩具とは違い、刺激的なこの人形たちは人間の欲が包み隠さずそのまま形になっているような魅力があります。ただ、そこには刺激だけが求められているのではなく、未来への祈りや生命の礼賛が込められていることを忘れてはいけません。

初瀬出雲人形（奈良県）

お守り犬（奈良県）

五色鹿（奈良県）

神農祭の神虎（大阪府）

姫路張子（兵庫県）

神戸人形（兵庫県）

お守り犬（奈良県）

奈良市の法華寺で授与される手びねりの小さな犬。光明皇后が千日供養を行い、国家安泰、万民農楽を祈願して護摩供養した際の灰を混ぜた清浄な土で自ら犬の人形を作り、悪病災難除け、安産のお守りとして人々に授けたのがはじまりとされています。現在もひとつひとつ尼僧らが手作りしているそうです。キョトンとした表情が愛らしい子犬です。

初瀬出雲人形（奈良県）

天保五年（一八三四）頃、伏見人形をもとに桜井市初瀬で作りはじめたといわれている土人形です。現在は水野佳珠《かず》さんが作っています。130ページの左前人形は、着物の前合わせが死装束と同じになっていることから、埋葬に用いられた人形といわれ、同じく葬送儀礼に使われた埴輪《はにわ》が発展したものという説があります。

五色鹿（奈良県）

奈良市の春日大社の神鹿にちなんだ玩具で江戸時代初期から作られていました。一度途絶えたそうですが、萬歳堂の田中淳五さんによって復活し、作られています。親指の頭ほどの大きさで、土で作られた小さな鹿。

神農祭の神虎（大阪府）

文政五年（一八二二）、大阪でコレラが流行したときに、薬種商が虎の頭骨などを配合した薬「虎頭殺鬼雄黄円」と張子の虎を人々に与えたことがそのはじまりといわれています。明治になって虎の頭骨の薬は販売できなくなりましたが、張子の虎は厄除けや健康祈願のお守りとして、その後もお祭りなどで売られました。現在は少彦名《すくなひこな》神社で神農祭に授与されています。

神戸人形（兵庫県）

明治時代末期に淡路人形からヒントを得て作りはじめたといわれている（諸説あり）からくり人形です。芝居の小道具師だった「長田の春さん」が、神戸の長田神社の参道で売ったのがはじまりとされています。お化けをモチーフにしたものを多く作っていたことから「お化け人形」とも呼ばれていました。その種類は数百にものぼり、箱に付いているつまみを回すと様々な動きをします。現在はウズモリ屋の吉田太郎さんが製作しています。

姫路張子（兵庫県）

明治初期、姫路城下に住む豊国屋直七が大阪で張子の製法を学び、作りはじめたといわれています。現在は直七から五代目にあたる松尾哲さんが作っています。131ページの鉢巻だるまはねっとりとした、いい顔をしています。

伏見人形　京都府

右ページ上から、狐の太鼓乗り、饅頭食い、ちょろけん、左ページ上から、座り犬、福助、米蔵

伏見人形　京都府　五穀豊穣の神の山が生んだ人形

全国で「饅頭《まんじゅう》食い」という人形がたくさん作られています。これは親に「父、母のどちらが好きか？」とたずねられた子どもが饅頭をふたつに割り、「どちらが美味しいか？」と問い返したという話を題材にした人形で、子どもが賢くなる縁起物として作られたようです。割った饅頭を持ちキョトンとした表情で立つ子どもの姿が、なんともユニークなこの人形は、伏見人形が祖先です。

その他、大きな張りぼてを被り「チョロが参じました！」と家々を廻る正月の招福の門付芸を人形にしたちょろけん、大丸百貨店の始祖で大富豪となった下村彦右衛門がモデルの福助、お産の軽さにあやかり安産のご利益のある犬、金運向上の蔵など意匠も種類も豊かな縁起物が伏見人形では古くから作られてきました。

京都駅から二駅、ＪＲ奈良線稲荷駅を降りると目の前に、稲荷信仰の原点である稲荷山を背景にした伏見稲荷大社の参道が見えます。

伏見稲荷大社は全国の稲荷信仰の総本社として、古くから人々の信仰を集め多くの参拝客で賑わっています。あまりの人の多さに神聖な空気がかき消されてしまいそうですが、さすがに赤い鳥居が約一万基並ぶといわれている千本鳥居は強烈な印象です。

そんな伏見稲荷大社の前には五条まで続く伏見街道が伸び、江戸時代にはその沿道に五十軒ほどの土人形屋があり、参拝客相手にたくさんの土人形が売られていました。

かつてはこの周辺の地名から「深草《ふかくさ》人形」と呼ばれていましたが、大阪に次ぐ商業都市、政治都市として栄えた伏見の名を取り「伏見人形」と呼ばれるようになり定着したようです。

伏見人形は日本の土人形のルーツとも呼ばれています。なぜこの深草の地で土人形が盛んに作られるようになったのでしょうか。

伏見人形の誕生

伏見稲荷大社の東にある霊峰、稲荷山一帯は良質な粘土があることで知られ、古代には土師《はじ》たちが住み着き埴輪や土器などを焼いていました。

稲荷神は五穀豊穣の神で、農業は土が命であることから、稲荷山の土やその土で作られた土器、土器のかけらを農地にまけば作物がよく育つという信仰が伝えられてきました。

戦国時代が終わり、江戸時代の平和な世のなかになると、庶民の心にも余裕が生まれてきます。伏見城をつくるために各地から呼ばれた瓦職人たちも新たに瓦を焼く必要がなくなり、仕事が激減します。そこで職人の造形技術と土地の土師の伝統が結びつき、庶民のための人形作りがはじまったのではないかといわれています。

五穀豊穣の祈りが込められた稲荷山の土で作られた伏見人形は、稲荷信仰を基本としつつ、ご利益にあずかりたい人々の心をとらえる縁起のいいテーマで作られるようになりました。故事や教訓、いいつたえ、歌舞伎の演目や力士など題材は多岐に渡り、その種類は数千ともいわれています。

その人気は稲荷大社の参拝客のみならず、伏見街道から陸路を行き、三十石船で海を渡り、北は青森、南は鹿児島と、日本の隅々まで広まっていきました。

あまりにも多くの人形が各地に渡ったため、多くの藩がその購入を禁止して伏見人形にならった土人形作りを奨励します。なかには伏見人形そのものから型をとり彩色だけはオリジナルで、というものも多く作られるほどでした。

そのように各地で同様に土人形が作られ、伏見人形は土人形のルーツといわれるようになったのです。

唯一の窯元「丹嘉」

伏見稲荷の参道から北に少し歩くと、街道に面した棚に人形が飾られている古い建物があります。伏見人形を製造販売する「丹嘉《たんか》」です。丹嘉と描かれた渋い臙脂《えんじ》色の暖簾をくぐるとショーケースにぎっしりと並ぶ色鮮やかで上品な人形が見えます。

にこやかに応対してくれるおかみさんに声をかけ、奥の作業場まで案内してもらうと二十畳ほどの広い作業場には、来年の干支のイノシシが型取りを終え素焼きを待っていました。部屋の窓側中央では主人の大西時夫さんが人形作りをしているのが見え、「よくおいでくださいました。どうぞどうぞ」と微笑みかけてくれます。

テレビでは野球中継が流れ、作業場のすぐ裏には奈良線が走り、とても静かな場所とはいえません。ただ不思議と音は気にならず、むしろ必要な音にさえ思えます。人形作りが日常の生活に溶け込んでいるようです。

江戸時代には五十軒ほどあったといわれる伏見人形の窯元も、時代の流れには逆らえず、唯一残ったのはこの丹嘉のみ。ここだけなぜ、こうして今でも人形づくりができるのか。先先代の新太郎さんのエピソードがその理由を物語っています。

第二次世界大戦中のことです。こんなときに人形なんか作って何になる？　と新太郎さんは周囲に後ろ指を指され続けたそうですが、それでも人形作りをやめませんでした。しかし、米を焚いたり風呂を沸かしたり、生活に使う以外の薪を手に入れることができない物資不足のなか、人形作りのために薪を使うことはもってのほかです。当然、いくつもあった人形店が店を畳みました。そこで、新太郎さんは自分の家の離れを壊す決心をします。人形を焼くための薪を手に入れるためにです。再び薪が手に入るようになるまで、その木材があれば人形作りには充分でした。新太郎さんのそんな気概で伏見人形は続いてきたといっても過言ではありません。

「伏見人形は庶民の人形なのだ。古くからの民衆の心がこの人形の心となって脈打って流れつづけ、今まで幾多の荒波を乗り切ってきたのだ。だから絶やしてはいけない」

そんな新太郎さんの言葉に励まされながら、先代の重太郎さんは意思を継ぎ、今は時夫さんも同じ気持ちのもと、人形作りに邁進しています。

経験とコツの人形作り

伏見人形がどのように作られるのか、おおまかな工程を見てみましょう。

1　指で土を伸ばしながら、まんべんなく型に詰めていく
2　一〇分から十五分（季節によって異なります）、そのままにしておく
3　型を軽くトントンと叩き、詰めた土をスッと型から外す
4　前と後ろの合わせ目を刷毛でぬらし繋ぐ
5　合わせ目の余分な土を削り取り、形を整え、生地を完成させる
6　生地を日陰で自然乾燥させる

7　一ヶ月ほどで作りためた人形たち二千個ほどを電気窯に入れ、窯のなかが約九五〇度になるまで八時間ほどかけて焼く。器などと違って釉薬がついていないので、窯にはぎゅうぎゅうにつめてもくっつかず満遍なく焼ける

8　焼き終わると窯の電源を切り三日ほどかけてゆっくり窯の温度を下げていく

9　人形を取り出し、胡粉で下塗りをし、彩色をして完成する

土は昭和二十年頃までは稲荷山のものを使っていましたが、使用が法で禁止されてしまい、それ以降は取り寄せたものを使っています。取り寄せた土はその時々によって状態が違うので、水を入れ、使いやすい固さに調整します。

型は基本的には石膏で作られたものを使います。江戸時代に作られた土の型は耐久性も強く、摩耗しにくいものですが、詰めた土の水分をなかなか吸い取らず、取り出せるまで時間がかかります。現在使われている石膏型は摩耗はしやすいですが、水分をよく吸い取るので詰めた土の乾燥も早く、大量生産をするには圧倒的に効率がいいのです。

人形作りの基本はまずは型に均等に土を詰めていくことです。ほとんどの土人形は正面と後面の二つの型を合わせて成形して作ります。型に土を詰めるという一見簡単そうに見

える作業にも経験とコツがいるのです。

はじめは、二つの型を合わせる必要がなく凹凸も少ない、正面だけでできるメンコや面などから作ります。比較的作りやすいものからはじめて徐々に型の難易度を上げていき、凸凹の多いものも作ることができるようになります。動物の顔などは彫りが深いので、型の細部にまで土を押し込めず、型から取り外すと鼻の低い狐などになってしまうことも。詰める土の厚みに差があると、乾燥させたときや焼き上げたときによれたり割れたりして売り物になりません。うまくできるようになるまでは様々な失敗と成功の繰り返しです。

芸術作品ではない

工程のなかでは彩色が特に楽しく、完成に向かう作業なので達成感も大きいそうです。ただ、いつになっても難しい。経験を積めば積むほどその難しさに直面します。

「特に表情にその良し悪しが出ることが多くて、昔はとにかくいいものを作るぞ、いい線を描くぞとガチガチになって描いていましたよ。そんな気持ちでやっているといつまでもおおらかな人形は作れませんね。量をたくさん作ることで描くことが工程のひとつになって、次第に自我のようなものが消えて、すすすーっと気楽に線が描けておおらかな表情になっていくんだと思います。でも、いいのができたと思っても、次の日の朝見ると見られないほど恥ずかしいものだったりすることもよくあって。毎日そんなことの繰り返しで、気がつくとピークが過ぎて、一〇〇パーセントと思えるようなものが作れない年齢になってくるんですね。ただ、そこからは今までの積み重ねが貯金となっているので、水準以上のものはなんとか作ることができる、というわけです。日常の作業のひとつですし、毎日当たり前にする仕事だから、いちいち気張っていられません。芸術作品ではないのでね。一筆入魂だとか、誠心誠意だとか、心を込めてだとか、そんな風にやっていたら肩が凝ってしまって窮屈で毎日やってられませんよ。平常心で、ただただ無心でコツコツとです」

そう話す時夫さんが作り出す人形たちはどれも、ほがらかにとぼけた味わいがあります。そこには新太郎さんの「庶民の人形である」という想いが脈々と繫がり、時夫さんの息子である貞行さんにもそれが受け継がれていくのでしょう。

「今わたしがころっと死んでも伏見人形は大丈夫でしょう。息子がもう二十年やっていまして、基本的な仕事はできます。水準以上のものを作っています。あとは積み重ねですね」

帰り際、時夫さんはそういって笑いました。

起き上がりめぐり――

京都の神社やお寺では、様々な小型の起き上がりだるまが授与されています。

もともと「魔を滅する」ことから豆をまく節分の日の縁起物でしたが、近年はいくつかの寺社を除いて通年授与されるようになりました。

大きさはどれも六センチほどで顔、形はほぼ同じ。頭が金色に塗られている「天金だるま」と、塗られていない「豆上がり」の二種類に分かれ、背面に貼られる寺社のシールが違うだけで、まったく同じものが授与されているところも。各地の起き上がりだるまは様々です。

①釘抜き地蔵、千本ゑんま堂、矢田地蔵尊、法輪寺（だるま寺）

頭が金色に塗られた天金だるまを授与しています。青を白く囲んだような放射状の模様が描かれ、顔の部分が少し凹んでいます。節分の日のみ授与されます。だるま寺のものは串に刺さった状態で常時授与されています。

②市比賣神社、法輪寺（だるま寺）

豆上がり。緑を芯に白、黄、紫で放射状の模様が描かれています。いずれもおみくじになっています。だるま寺には、先の住職が収集しただるまなどが約八千点収蔵、展示されています。戦前の貴重なだるまや、高さ約百五〇センチの大きなだるまも見ることができます。起き上がり以外の授与品もだるまだらけ、窓もだるま型で、だるまのテーマパークのようです。

③壬生寺

天金だるま。①とほぼ同じですが顔の凹みは

②

①

④

③

⑥

⑤

なく、②と同じすっきりとした形です。

④日限地蔵尊

豆上がり。模様は白だけで描かれシンプル。青で描かれたものも最近は授与されています。

⑤吉田神社

豆上がり。放射状の模様ではなく、紫、黄、白で山のような模様が重なって描かれます。②と同じくおみくじになっています。

⑥大報恩寺（千本釈迦堂）

おかめだるま。多摩だるまのおかめとはまた違い、洗練された印象があります。福福しい丸い形をしています。「おかめ」とは大報恩寺本堂の建築で棟梁を務めた大工の妻のこと。夫が本堂を建築中に重要な柱を間違えて短く切り過ぎてしまったところ「枡組で補えばどうでしょうか？」と助言して夫の窮地を救いました。夫は工事を無事にやり遂げましたが「女の知恵で棟梁が大仕事を成しえたといわれては夫の恥」と上棟式を迎える前に、おかめは自害します。幸せの象徴のようなおかめにはこんな悲しい話があるのです。

大きく立派な寺社見物も素晴らしいですが、小さなだるまたちを探しに京都を巡るのも楽しいものです。

中国・四国地方

高松張子、つまみ人形

右ページ、奉公さん、左ページ上から、鯛乗り天神、つまみ人形6点

高松張子、つまみ人形　香川県　赤い着物と金の宝珠の奉公さん

香川県高松市では寛永（一六二四〜四五）の頃から高松張子、つまみ人形が作られています。

松平頼重が高松藩に転封した際、家臣が張子の製法を伝えてはじまったとされています。明治時代、旧高松藩士の梶川政吉が生活のために販売したことで有名になり、大正〜昭和初期に弟子たちが活躍しますが一度廃絶します。しかし政吉の次女である宮内フサが戦前に復活させ、娘のマサエに繋がれ、現在は孫の太田みき子さんが張子を、つまみ人形を永井節子さんが継承しています。

高松張子はどの型も極限まで削ぎ落とされたでっぷりとしたシンプルなフォルムで、流れるように模様が描かれているのが大きな魅力です。

なかでも代表的なのは、疱瘡除けの赤で全身が彩られ金の宝珠が描かれた「奉公さん」という女の子の人形です。奉公さんは、御殿のお姫様につかえていた「おまき」という女の子で、お姫様の病を自分にうつし、離れ小島でひとり亡くなったことで人々は彼女のことを「奉公さん」と呼んだそうです。供養のために「奉公さん」と呼ばれる人形が作られ

ましたが、病にかかった子どもがその人形を抱いた後に海に流すと病が治ったといわれるようになり、昔は病除けのまじないとして用いられていたようです。そんな由来があるからでしょうか、奉公さんの微笑にはやさしさのなかにさびしさも見えてきます。

また、この地方では昔、嫁入りのときに嫁ぎ先の近所の子どもたちへのお土産として、小さな土人形を嫁入り道具に入れていく風習があり、それをつまみ嫁入り人形と呼んでいました。

獅子頭、虎、鯛乗り恵比寿、奉公さんなど数十種あり、どれも土をつまんで作られた三センチほどの小さなもの。張子よりもさらに簡略化されたその形は、てのひらに乗せるとコロコロと転がる愛らしい姿をしています。

高松張子やつまみ人形の、迷いなど微塵も感じられない筆の走りを見ていると、決められた図柄を反復し大量に描くことで無心になり、邪心も作為もない、みずみずしい美しさが滲み出てくるのだなと感じます。

みき子さん、節子さんの筆は先代たちと比べると丁寧でおとなしいものですが、だからこそ、高松張子の決められた図柄の魅力が浮き彫りになっているのではないか、と思うのです。

はこた人形（鳥取県）

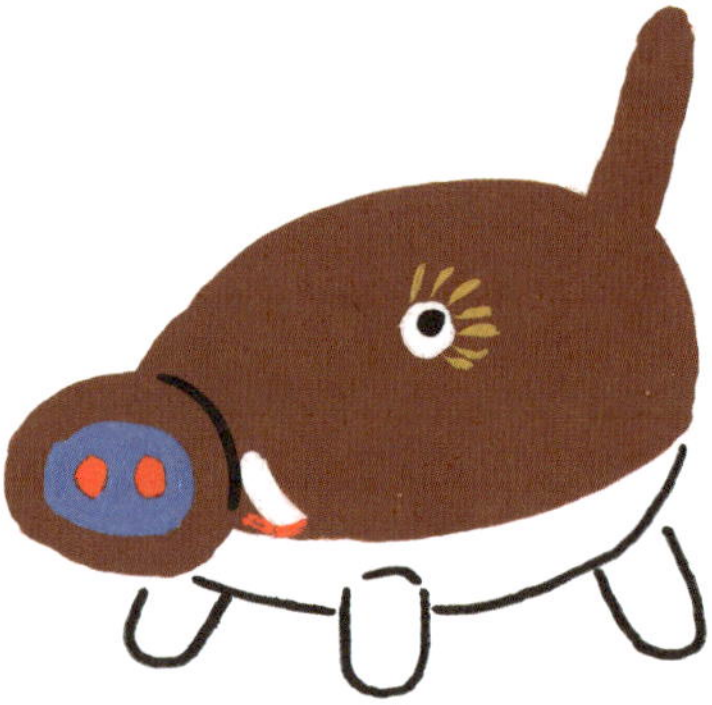

岩井温泉の木地玩具（鳥取県）

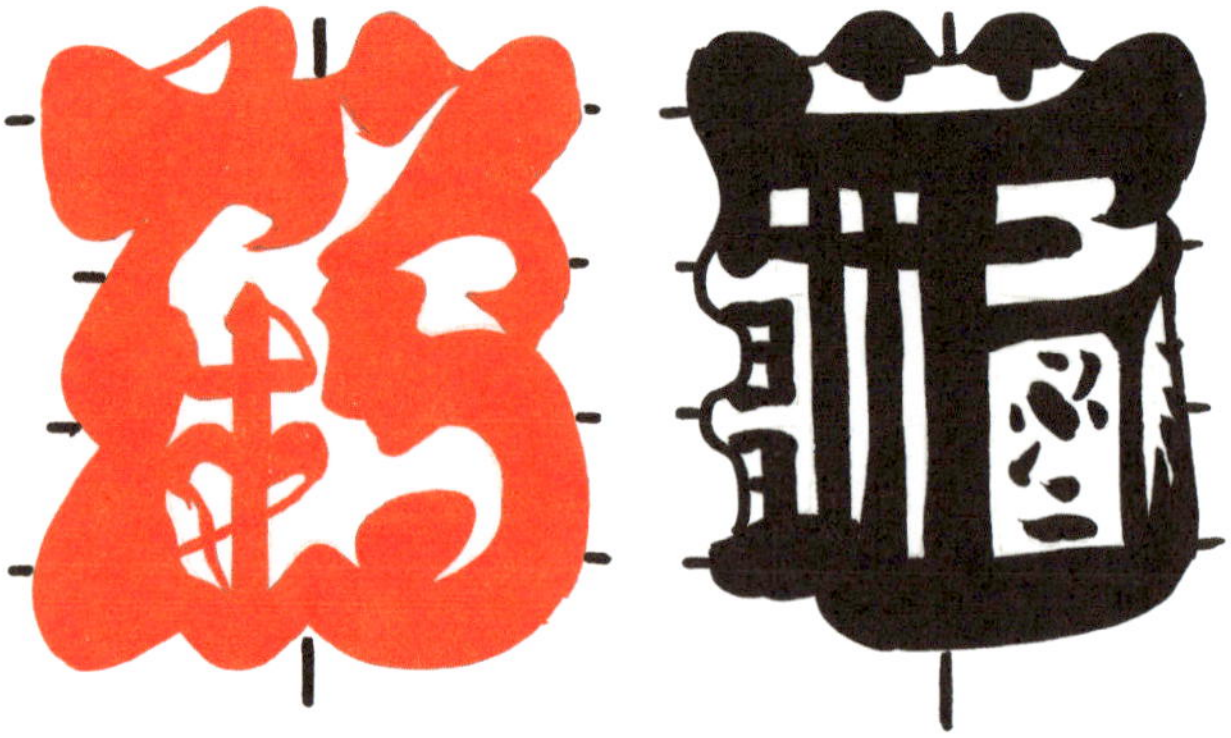

祝凧（島根県）

玉島だるま（岡山県）

吉備津の狛犬と鳥（岡山県）

つればり（高知県）

岩井温泉の木地玩具（鳥取県）

岩美郡岩井温泉で作られている挽物《ひきもの》玩具。以前は車人形など様々なものが作られていましたが、現在は十二支のみ。岩美町のおぐら屋で作られています。１５４ページの絵は亥。

はこた人形（鳥取県）

天明年間（一七八一～八九）から絣の行商人の備後屋治兵衛が倉吉で作りはじめた張子玩具で、疱瘡除けの願いが込められた玩具といわれています。「はこた」は「はうこ」が訛ったもので、はうこは這う子（幼児）のことです。二〇一五年に備後屋の三好明さんが亡くなり、現在ははこた人形工房が作っています。さびしげな表情はどこか秋田県木地山のこけしを思わせます。

祝凧（島根県）

出雲大社の宮司である千家家、北島家両家に祝い事があった際に、氏子が凧を揚げ、祝ったのがはじまりとされています。千家家の後ろにある鶴山を象徴する赤い「鶴」と、北島家の後ろの亀山を象徴する黒い「亀」の文字が描かれた二枚一組のもので、現在は出雲市の高橋日出美さんが作っています。高橋さんが作るじょうき、鯛車もとてもユニークな玩具です。

吉備津の狛犬と鳥（岡山県）
吉備津《きびつ》神社で授与されている手びねりの土人形。祭神の大吉備津彦命が吉備国にやってきて兇賊を討伐したときに犬と鳥をかわいがったこと、本殿内の神宝「狛犬」に火難盗難を防ぐ霊験があると伝えられることにちなんで、数百年前から作られているそうです。狛犬は盗難火難除け・野獣除け・子どもの夜泣きに効き、鳥は食事のときにお膳に置いておくと喉が詰まらないといわれています。

玉島だるま（岡山県）
倉敷市（旧玉島市）で、戦後の復興のため作られるようになった張子だるま。高崎だるまの影響を受け作られたため、西日本のだるまとしては珍しく目が描かれていません。１５５ページの絵は眉毛と髭がボーボーの小野だるま製造所のもの（現在は休業）。

つればり（高知県）
戦後、高知の風俗などを題材にして画家の山本香泉さんが作りはじめました。現在はとさ民芸店が様々な玩具を作っています。１５５ページの絵は女性が連れ立って便所に行く様子を表わした「つればり」。お尻には女性器が描きこまれています。こんな玩具、現代ではなかなか作れません。

曲水の宴

天児／這子　形代／人形

ひいな遊び

雛祭りのはじまり――

古くから日本では中国の影響を受け、季節の変わり目に神様にお供え物をし、心身の健康を祈る行事が行われており、それを「節句」と呼んでいます。桃の節句ともいわれる雛祭りはその代表的なものです。

鳥取には紙の雛を桟俵《さんだわら》に乗せて流す「流し雛」という行事があり、これが雛祭りの起源といわれています。

流し雛はいくつかの風習や遊びが組み合わさって誕生しました。左記のようなものが流し雛のもとになったといわれています。

形代／人形

「形代／人形《ひとがた》」と呼ばれる人の形に切った紙で自分の身体をなでて、穢れや災いをそこに移

流し雛

し、川や海に流す風習。古くは紙ではなく、草木が使われることもあったようです。
平安時代には「天児」「這子」と呼ばれる人の形に似せた人形を子供の枕元に置いて、形代や人形と同じように、身の穢れ・災いの身代わりにしていました。岐阜県の「さるぼぼ」のもとは這子で、「さる」には「去る」の意味もあります。

曲水の宴

旧暦の三月三日に、庭園の川に酒の入った杯を浮かべて流し、杯が自分の前を通り過ぎる前に詩歌を詠じる、遊びと厄払いをかねた行事。古くから中国で催されていました。奈良時代には日本にも定着したといわれています。

ひいな遊び

「ひいな」という紙、布などで作った男女一対の小さな人形などを飾って楽しむ遊び。今でいうおままごとのことです。「ひいな」とは鳥の「雛」のことで、小さくてかわいいものという意味があります。枕草子や源氏物語などの平安時代の貴族文学に「ひいな遊び」の記述があり、この頃すでに貴族の間で親しまれていたことがわかります。

やがて曲水の宴の杯が桟俵に代わり、酒の代わりに「ひいな」を乗せ、そこに災いを移し、三月三日に流すようになります。そのようにして「流し雛」ははじまりました。

やがて桟俵に乗せられた雛は簡素なものから、凝った作りのものに変わっていき、昔のように流すことができなくなります。紙で作られていた雛は布で作られるようになり、立雛から、現在のお雛様の姿に近い座り雛へ変わっていきます。この頃には流し雛に見られた信仰や厄除けの意味は薄れ、楽しい年中行事のひとつとして発展していきました。

豪華な雛道具を飾って贅沢な雛祭りをはじめて行なったのは二代将軍徳川秀忠の五女で、後《ご》水尾《みずのお》天皇に入内した東福院であるといわれています。宮中の行事が江戸にも伝わり、三代将軍家光の長女千代姫が雛人形を贈られたことをきっかけに大奥では女の子が生まれるたびに雛人形が贈られるようになり、それが武家や町人にも広まっていきました。雛祭りはもともと女の子のための祭りではありませんでしたが、雛人形を初節句や嫁入りの際に飾ったり持参したりするようになり、現在のような行事に定着していったようです。

九州・沖縄地方

赤坂人形　福岡県

右ページ上から、福助、ふくろう笛、左ページ上から、犬笛、狐儀太夫、子ども笛

赤坂人形　福岡県　でこぼこ不器用な縁起物の美しさ

赤坂人形は福岡県筑後市赤坂で作られ、筑後の古い方言で別名「てでっぽっぽ（不器用な人という意味）」とも呼ばれています。行商人が近隣の農山村の子どもたちに売り歩き、玩具や民藝品として地域の人々に親しまれてきました。

赤坂は江戸中期から久留米藩の御用窯の地として発展し、赤坂人形は幕末に本業のかたわら作られたのがはじまりといわれています。

現在、作っているのは赤坂飴本舗の店主野口紘一さんただひとり。昔は飴を売り歩く際に人形も一緒に売っていたようで、今も飴屋の仕事の合い間に人形を作っています。

赤坂人形の魅力はなんといっても素朴さです。赤土を型に押し込み、合わせる際にできる耳はそのままなのででこぼこ。それを素焼きし、胡粉をかけ、紅、黄、青などの食用絵の具で、荒くザクザクと彩色します。描くというより、絵の具を放つというほうが近いかもしれません。

丸い身体に赤と青の模様がかわいらしい梟《ふくろう》、とぼけた顔と胸元の菱形（おそらく前掛けと思われる）がユーモラスな子ども、キリリと鋭い表情でにらみをきかせた狐義太夫、襟元が「Y」に見えてしまう福助、キョトンとした顔のお洒落な前掛けをつけた犬など、様々なものが作られています。そのどれもが「ててっぽっぽ」という愛称どおり、「これでいいの？」と思うほどでこぼこと不器用で荒削りです。

笛になっているものも多く、その笛の音はやわらかくおおらかで、どこか間が抜けています。「ほら、そんながんばらなくてもいいのではないかい？　肩の力を抜きましょうよ」とやさしく声をかけてくれるようです。きれいさや上手さ、手が込んでいることも郷土玩具の魅力ですが、それらを超越した美しさがこの不器用な人形たちには宿っています。

均一で空気を乱さず効率的であることをよしとする現代社会の価値観とはかけ離れたところにあるこの人形たちは、いつも僕の心をほぐしてくれます。「不器用でもいいんだよ」と。

尾崎人形　佐賀県

右から、長太郎、饅頭食い、鳩、堂内天神、ひばり

尾崎人形　佐賀県　赤はモンゴルの血、青は平和、黄は自然

佐賀県神崎町で作られている尾崎人形という土人形は、蒙古襲来がそのはじまりに関わりがあると伝えられています。

一二八一年の弘安の役で、日本兵の倍以上の数で攻めてきた元軍は奇跡的に起きた暴風雨によりほぼ全滅します。わずかに生き残った敵兵は地元の人たちから土地を借りて農作物を作って暮らし、大陸の陶芸技術を用いて作りはじめたのが肥前尾崎焼、尾崎人形と伝えられています。尾崎焼の鳩笛も彼らが作り、祖国を思って吹いていたのではないかといわれています。

尾崎人形は白地に赤、青、黄の三色で彩られることが多く、それぞれの色には他の産地とは違う特殊な意味があります。日本の玩具では赤い色は疱瘡除けの意味が込められていることが多いですが、尾崎人形の赤はモンゴル人の血を意味しているといわれています。そして青は平和、黄は自然を表わし、モンゴルの広大な風土を感じさせます。

江戸時代には佐賀藩から幕府への献上品のひとつになっていたようですが、戦後は作り手がいなくなり制作が中断されます。その後、焼物師の伊東征隆が器作りのかたわら人形

を作っていましたが福岡に転居してしまい、一九九〇年、尾崎地区長だった八谷至大が制作を引き継ぎます。

八谷さんは尾崎焼保存会を立ち上げ、人形専用の窯を作り、熱心に人形作りに打ち込みました。二〇〇九年に八谷さんが亡くなった後は、八谷さんから作り方を聞いていた縁で、高柳政廣さんが引き継ぎ現在も人形を作り続けています。

高柳さんの作る人形は過去に作られてきたものとは彩色を変えているものもあり、色の由来すら吹き飛ばしてしまうような不思議な魅力があります。せっかく作るなら自分自身の人形が作りたいという気持ちの表われか、従来は白かった堂内天神のお堂は茶に、まんじゅう食いの着物は赤に、大胆に色を変え、それまで淡白で洗練された印象のあった尾崎人形に、とぼけた楽しい魅力が加わった気がします。

尾崎人形のなかでも代表的な鳩笛は「てえっぷう」と呼ばれ、赤坂人形の「てえっぽっぽ」と同じで不器用な人という意味です。鳩の鳴き声のようなどこか滑稽なその響きは、高柳さんの作る人形たちの魅力をそのまま伝えているように感じます。

古賀人形　長崎県

右ページ上から、猿ずっきゃんきゃん、猿乗り馬、鶏猿、左ページ右から、阿茶さん、オランダさん

古賀人形　長崎県　いい馬を手に入れる、悪い気を除ける

長崎市東部にある旧古賀村地区では古賀人形という郷土玩具が作られています。モチーフは唐人、オランダ人、西洋婦人などの外国人、そして動物たち。オランダや中国との貿易の窓口になっていた長崎だけあって土人形も異国情緒たっぷりです。

古賀人形のはじまりは、日本を旅していた京都の土器師が旧古賀村に滞在し、農家の小川家に土器の製法を伝えたことにさかのぼります。文禄元年（一五九二）頃には現在の古賀人形の原型となる土人形が作られたそうです。

白い胡粉が塗られた生地に赤、黄、黒を主体としたプリミティブな色彩が映え、暖かい土地ならではの情緒が感じられます。

なかでも「馬乗り猿」は印象的です。いい馬に乗っている猿を発見した伯楽《はくらく》が木馬を与えて猿をあざむき、猿の乗っていた名馬を手に入れ、猿は馬が動かないことに気付いてがっかりしたという中国の故事にちなんだもので、いい馬を得られるご利益があるとして伯楽たちに好まれました。「なんだかおかしいぞ?」と首をかしげた猿の表情が、赤と黒で簡潔に表現され、とぼけた味わいがあります。

同じ猿でも猿が目を見開いて鶏を抱える「鶏抱き猿」は荒々しく強烈です。赤、黒、黄の原色がその強烈さを後押ししています。鳥と猿で「とりさる」＝悪い気を取り去るという意味があるといわれています。こんな猿に出くわしたら一目散に悪い気も逃げ出しそうです。

そして軍鶏《しゃも》を抱いた「阿茶さん」は、「あちらの人」という意味で貿易船に乗ってきた中国の商人を指しています。中国からの貿易船は春と秋の年二回と決まっていて、それ以外は商人たちは十善寺館内の唐人屋敷からの外出を禁じられていました。そのさびしさや暇を紛らすために軍鶏を飼っていたことから生まれた人形のようです。阿茶さんの少しさびしそうな笑みを浮かべた表情が印象的で、ぎゅっと大事そうに抱えられている軍鶏は目をまん丸に見開いて固まっています。

古賀人形は、大陸と日本の空気がねっとりと混ざり合うことで生まれたものです。異国文化を咀嚼し自分のものにして新しい文化を作り出す精神も日本らしさといえるでしょう。現在は十九代目の小川憲一さんに人形作りが引き継がれています。

木の葉猿　熊本県

右から、馬乗り猿、子抱き猿、飯食い猿、団子猿、原始猿

木の葉猿　熊本県　福を呼び、魔を払う呪術的な猿たち

子どもを抱いたり、馬乗りになったり、おにぎりを食べたり、己の男性器を抱えていたり。様々なポーズの猿はどこか呪術的です。

熊本県玉名郡玉造町で作られるこの土人形は木の葉猿といいます。

養老七年（七二三）の元旦、虎《こ》の葉の里に住んでいた都の落人が、夢に現われた老翁のお告げによって奈良の春日大明神を祀りました。木葉山の赤土で明神に供える祭器を作り、残った土を捨てたところ、土が猿に化けて逃げてしまいます。その後、今度は巨大な天狗のようなものが現われ「その土で猿の人形を作れば幸運が訪れる」と告げ去っていきました。落人がその通りに猿を作ると、病や災難が去って子宝にも豊穣にも恵まれたそうです。そんな伝説がもとになり、木の葉猿が作られたといわれています。

木葉の里は江戸時代、参勤交代道であった豊前街道沿いにあったため、不思議な伝説とともに土産物として全国にその名が知れ渡ることになりました。現在は七代目永田禮三さんとその家族が十種類ほどの猿と干支ものなどを作り続けています。

他地域の土人形は型を用いて作られるものが多いですが、木の葉猿は手でひねって作ら

れ、まるで作り手の息遣いが見えるような造形です。赤茶色に焼き上げられた人形は、煙でいぶされ、独特のくすんだ色になります。元来はこのまま色を塗りませんでしたが、現在は白、赤、青で斑点のような模様が描かれているものも多く作られています。その模様は呪術的で、白く塗られ赤と青で装飾された顔は、アフリカあたりの部族の仮面のようで、ただのかわいらしい人形とは異なる魅力に溢れています。

他にも目を引くのは大きな男性器を抱えた無彩の人形「原始猿」です。縄文時代に作られた土偶のようにも見えるこの猿は、ほがらかな表情でのほほんと空を見上げ、得意げにすら見えます。

郷土玩具の多くは子宝祈願や無病息災の祈りが込められているので、性を直接表現したものは他の産地でもしばしば見られますが、なかでも原始猿は突出した存在感を放っています。生命の祈りそのもののような原始猿は、最も原始的な縁起物、郷土玩具といえるのではないでしょうか。

人吉の玩具　熊本県

右から花手箱、羽子板、きじ車

人吉の玩具　熊本県　南国のツバキの赤と葉の緑

カタカタと体を揺らして進む「きじ馬」、ツバキが描かれた華やかな「花手箱」「羽子板」。熊本県人吉《ひとよし》市ではこのような木製の玩具が作られています。そのはじまりは、平安時代、戦いに敗れた平家の一族が人吉盆地の奥地、大塚地区に落ちのび、華やかだった都の暮らしを思い出しながら農業の副業として作ったといわれています。

なかでもきじ馬はよく知られているのではないでしょうか。桐で作った胴体に車輪を付けたもので、「きじ車」とも呼ばれます。描かれているのが雉なのか馬なのかわかっていないようですが、どちらともとれるシンプルな形をしています。

胴体は、樹皮をはぎ、少し丸みを持たせて切り出され、赤を基本にツバキの柄や緑と黄の模様が加えられています。背中の「大」の印は、人吉の大塚でひそかに作り方を学んだ若者が、その恩に報いるために大塚の「大」の字を記したのが由来といわれています。松の木を輪切りにしただけの車輪は素朴で、転がすとまん丸の目をしてカタカタと左右に体を揺らしながら進む姿は愛嬌たっぷりです。

実は、もともとは手遊び品ではなく、子供が上に乗って斜面を滑り降りる遊具として作られた大きなものだったそうです。胴体にしっかりと食い込む太い車軸の頑丈さに、その面影が残っています。

東北各地の伝統こけしのように、九州各地では古くからきじ馬が作られていました。しかし最盛期には九州に十ヶ所以上あった産地は後継者不足などで次々と減り、今では四ヶ所ほどしか残っていません。人吉はそのひとつで、現在は人吉市内の住岡きじ馬製作所、宮原工芸で作られています。

花手箱と羽子板は、どちらも大胆にデフォルメされたツバキの赤と葉の緑のコントラストがとても印象的で、花札のようにも見えます。昔とは絵付けの方法もずいぶん変わりましたが、今でも南国ならではの情趣を充分に伝えています。

人吉の素朴な玩具を見ていると、郷土玩具が大人の観賞用ではなく、子どもの遊び道具だった頃の景色が浮かび、ひととき童心に返ることができるのでした。

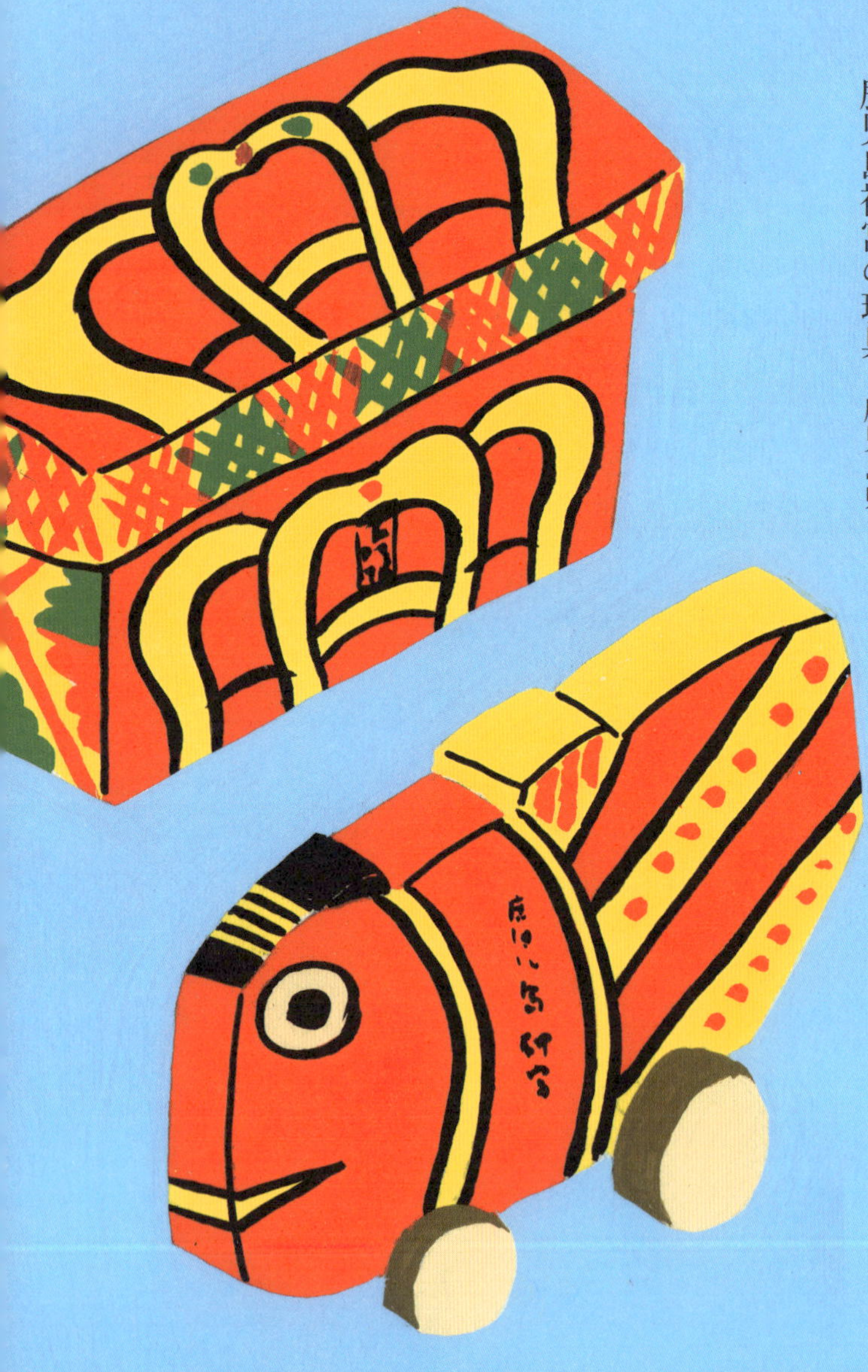

鹿児島神宮の玩具　鹿児島県

右から、鯛車、香箱、羽子板

鹿児島神宮の玩具　鹿児島県　神話をもとに作られた玩具

神話の故郷・鹿児島県霧島市の鹿児島神宮には、古くから信仰にまつわる玩具が十種類ほど納められています。そのなかでも特に魅力的なのが「鯛車」です。もとになったのは、海幸彦《うみさちひこ》と山幸彦《やまさちひこ》の神話といわれています。兄の海幸彦の釣針をなくした山幸彦は自分で釣り針を作ってわびましたが、海幸彦は応じてくれません。困った山幸彦は舟に乗って海の宮を訪れ、針を飲み込んだタイから針を取り戻した、という話です。

鯛の形に切り抜かれた板は真っ赤に塗られ、シンプルにデザインされたヒレなどが描かれています。まん丸の目に、口はぽかっと開き、ユーモラスな顔をしています。針が取れてほっとしているのか、驚いているのか。ちょこんとつけられた車輪は丸木を輪切りにしただけの素朴なもので、前と後ろでは大きさが違うため、前傾姿勢のように見え、それもまた味わいがあります。

鹿児島神宮には、山幸彦に見初められて結婚した豊玉姫《とよたまひめ》も祀られています。豊玉姫の嫁入り道具の化粧箱を模した「香箱」も素朴そのもの。ゆるやかにゆがんだ木を組み合わせた赤い箱には、大胆な黄色い曲線の模様がねっとりと描かれ、黒い線で縁取られています。

この官能的な曲線は花なのか、ただの模様なのかはっきりしないようですが、日本のものとは思えない濃厚な情緒が魅力的です。

木取りしただけの形が素朴な羽子板は、鶴、亀、松、竹、梅、太陽などのめでたいモチーフが赤緑黄黒で描かれています。気負いなく伸びやかな筆の運びは、開放的な風土の賜物か、作り手の感性か。きっとどちらも関係あるのでしょう。日本書紀や古事記に登場する仲哀《ちゅうあい》天皇の皇后である神功《じんぐう》皇后が出征するとき、武運を祈ってこの羽子板を鎧と兜の間に入れたともいわれています。

これらの玩具を作っているのは、鹿児島神宮近くの工房みやじです。赤や黄を基調とした明快かつ南国的な色彩の玩具は、縁起がよく生命の力強さに満ち満ちています。まるで子どもが図画工作の時間に作ったおもちゃのようで、その頃のドキドキワクワクした気持ちを思い出させてくれるのです。

琉球張子　沖縄県

右ページ上から、唐獅子、闘鶏、左ページ上かた、ウッチリクブサー、鯉乗り童子、鳩

琉球張子　沖縄県　戦後に復活した亜熱帯の色使い

沖縄県那覇市では琉球張子が作られています。古くから旧暦五月四日の「ユッカヌヒー（よっか＝四日の日の意味）」には親が子どもの成長を願い、琉球張子などの玩具を買い与える風習がありました。今でいう子どもの日です。

琉球張子は大正末期に外国産玩具におされて廃絶し、かろうじて残っていたものも第二次世界大戦で姿を消してしまいました。しかし昭和二十七年（一九五二）、時計店を営んでいた古倉保文が作り手になり、琉球張子は復活しました。保文は戦火で荒廃した沖縄の各地を訪ね、伝統の玩具の発掘作業に全力を尽くしました。その熱意はやがて玩具を自ら復活させなければいけないという使命感となります。かつての製作者を探し出して作り方を学び、文献を漁って色や形を調べ、保文はとうとう時計店をやめ玩具製作者になりました。

一九九一年には保文は那覇市の指定無形文化財になり、その功績が讃えられます。二〇〇〇年、保文が九十五歳で死去し、現在は孫の中村真理子さんが後を継いで制作を続けています。そして豊永盛人さんも博物館や古書に残る戦前の沖縄の張子を参考に、琉球張子作りに取り組んでいます。

琉球張子には、琉球王国時代の中国や近隣諸国との親密な関係を感じさせるものが多く見られます。ユッカヌヒーでよく買われていたという「ウッチリクブサー」は起き上がりの女だるま。黄を主体とした色使いは日本各地にあるどのだるまとも異なる魅力があり、だるまの起源のひとつでもある中国の起き上がりのよう。胴に描かれた赤と緑の直線的な花模様もおもしろいものです。

ずんぐりとした唐獅子も味わい豊かです。深い緑に描かれた赤と黄の模様や、縦に描かれた眼は、朝鮮の民画の虎を思わせます。

車付きの装飾的な台座に二羽の鶏が乗った「闘鶏」も独自の趣があります。コロコロと紐を引くと、頭がユラユラと揺れ、お互いの鶏冠をぶつけ合います。闘鶏というわりにはのんびりとしていて、仲良く寄り添っているようにも見えます。

淡い色が印象的な丸っこい鳩、今にもお互いが溶け合ってしまいそうな鯉乗り童子など、沖縄の気候を思わせる独特な色使いが気持ちいいです。琉球張子には、紅型、ミンサー織り、やちむんなど他のこの地の民藝品とも共通するおおらかさがあり、琉球王国時代から培われてきたものの魅力を強く感じます。

博多張子（福岡県）

津屋崎人形（福岡県）

清水のきじ車（福岡県）

太宰府天満宮の鷽（福岡県）

孫次凧（福岡県）

弓野人形（佐賀県）

のごみ人形（佐賀県）

博多張子（福岡県）

江戸中期、博多の御用商人が大阪で張子の製法を学び、作られるようになったといわれています。だるまに金がふんだんに使われるなど、どれも派手なのが特徴です。190ページの絵は力強い虎張子。

清水寺のきじ車（福岡県）

みやま市で作られている木製の車付き玩具。一羽の雄の雉が道に迷った最澄を合歓の霊木へ案内したことにちなんで最澄が唐から連れてきた人物が作りはじめたという説、天保年間（一八三〇～四三）に清水寺の住職が創案して門前に住む井上喜平次が作ったという説などがあるようです。もともとは背中に鞍を乗せている雄のみでしたが、戦後、細い切り込みの入った雌も作られるようになり、今の形になりました。現在は清水きじ車保存会によって作られています。

津屋崎人形（福岡県）

福津市産の土人形。古博多人形の影響を受けつつ、安永年間（一七七二～八一）に壺や甕などを焼くかたわら作られるようになったといわれています。190ページの絵はモマ笛で、お年寄りが食事前に吹いて気道を広げ、食べ物が喉につまらないための道具としても使われていました。

孫次凧（福岡県）

大正時代から北九州市で作られており、「孫次」は作り手である竹内孫次の名前から付けられました。大小様々、たくさんの魅力的でおもしろい凧がありますなかでもセミをかたどったものは、南国を思わせる赤、緑、黄の色彩が強烈で、特に印象的です。

太宰府天満宮の鷽（福岡県）

太宰府天満宮で毎年一月七日に行なわれる「鷽替え神事」で授与される木彫りの鷽（112ページ参照）。起源は明らかではありませんが、ここが全国の鷽替え神事の発祥の地といわれています。各地にある木鷽のなかでも凝った作りで、削り掛けの手法を用いている広がった羽は山形の笹野一刀彫（30ページ）を思わせます。

のごみ人形（佐賀県）

昭和二十年（一九四五）、染織工芸家の鈴田照次によって作られ、その数年後、鹿島市の祐徳神社の境内で参拝土産として売られるようになりました。土鈴になっているものが多く、十二支はどの動物もユーモラスで楽しいです。191ページの絵は有明海に近いこの土地ならではのムツゴロウ。

弓野人形（佐賀県）

博多人形の作り手であった原田亀次郎が、もっといい人形を作りたいと九州各地で修行した後、明治十五年（一八八二）に武雄市弓野地区に移住し製作したのがはじまりといわれています。昭和初期にはグリコのお菓子のおまけに採用されたこともありました。191ページの絵は鳩笛。

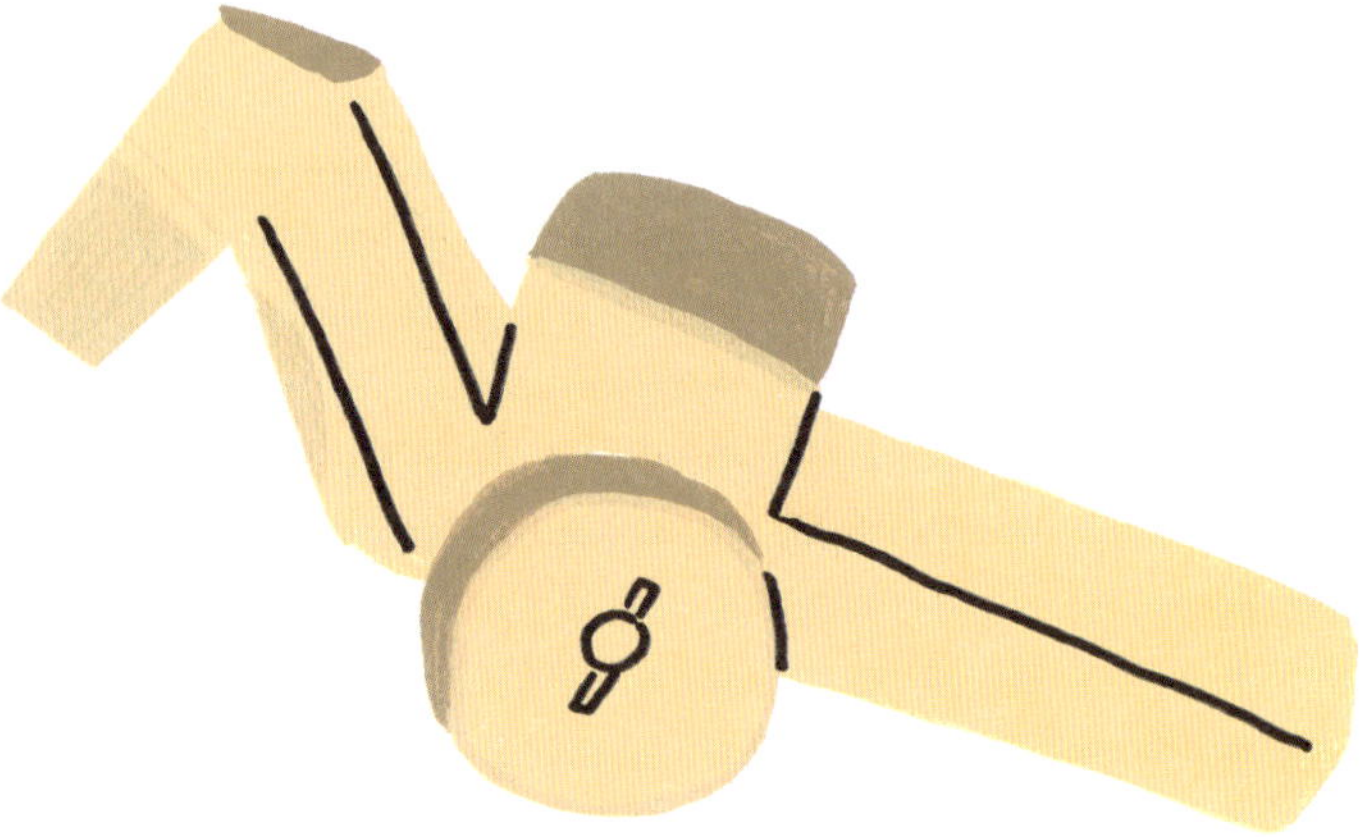

北山田のきじ車（大分県）

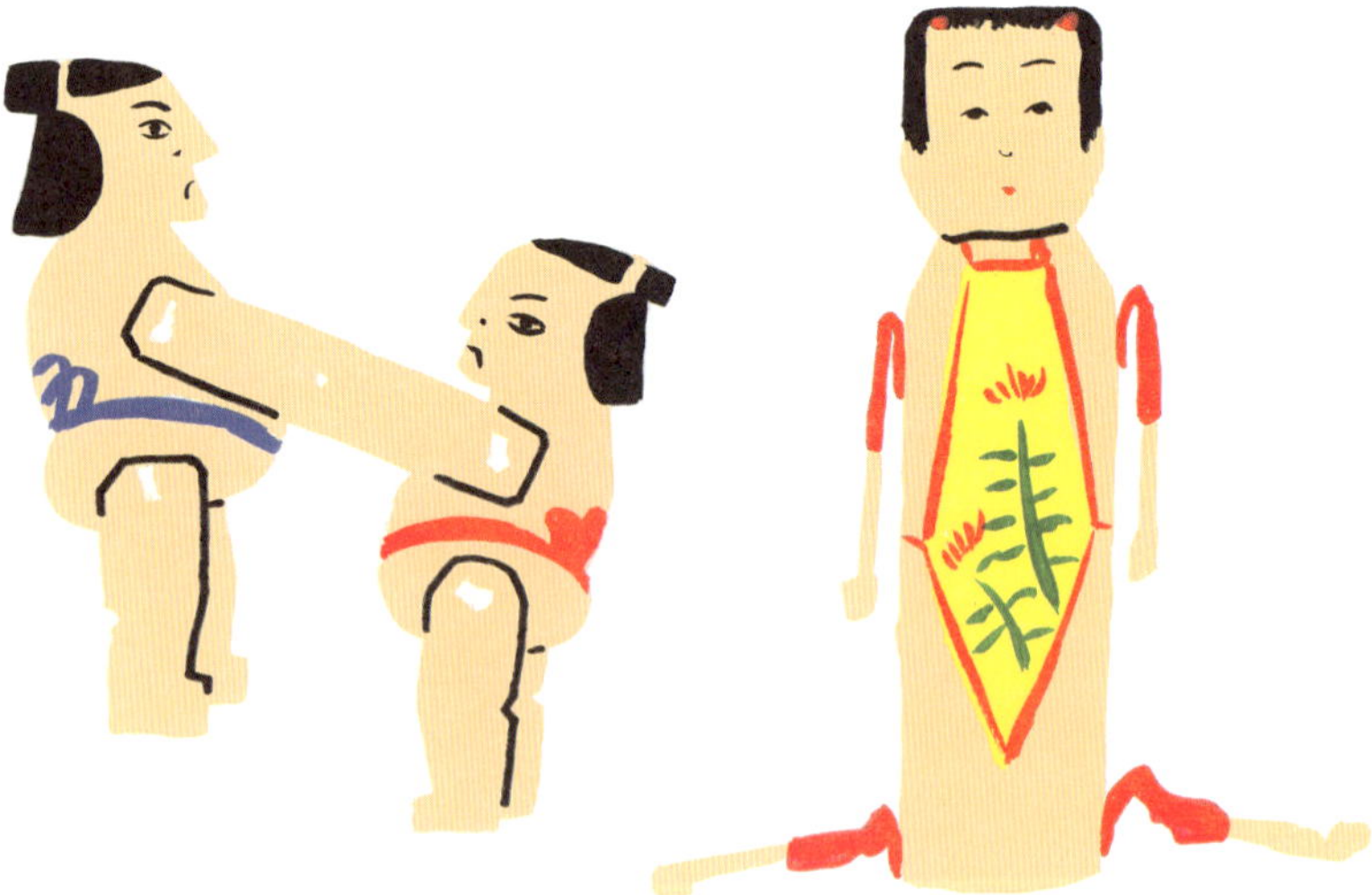

日奈久の玩具（熊本県）

宇土張子（熊本県）

佐土原人形（宮崎県）

おばけの金太（熊本県）

北山田のきじ車（大分県）

玖珠《くす》郡で作られている木製の車付き玩具。庄屋の子どものために作られた、またがることができる木地馬が子どもの遊具として根付いたのがはじまりとされています。雉というよりも馬に近く、「きじ馬」とも呼ばれています。彩色をせずに仕上げた無骨な造形を、民藝運動にも関わった英国の陶芸家バーナード・リーチが絶賛したといわれています。

日奈久の玩具（熊本県）

194ページの絵はおきんじょと板角力《いたずもう》。おきんじょは文政年間（一八一八～三〇）にこの人形を作った弁太にちなんで「べんた人形」とも呼ばれます。おきんじょの由来はいくつかあります。南北朝時代、肥後の豪族甲斐方の武将、浜田右近が戦で負傷し、日奈久に隠れ住んだときに出会った娘がモデルというのもそのひとつで、その伝説は、右近の看護をしていた息子の六郎左衛門が厳島神社に祈ったところ、傷に効く日奈久温泉を漁師の娘のお金とともに発見したというものです。古くは土で作られていたようで、木で作られるようになったのは明治になってからとのこと。かつては手足は付けられておらず、東北のこけしのような姿だったことが清水晴風の『うなゐの友』でも描かれています。板角力は日奈久温泉神社の祭礼で行われる奉納相撲にちなんで売られていました。相撲ではなく力比べの「角力」。どれだけ戦っても勝敗がつかない様子は愉快で微笑ましいです。江戸時代の画集『江都二色』にも描かれ、両国でもたくさん売られていたことから、江戸から伝わったものといわれています。

宇土張子（熊本県）

江戸末期、尾道からやってきた名前も名乗らない老夫婦が病に倒れ、宇土に住む坂本家に約一年滞在療養し、そのお礼として張子の製法を伝えたのがはじまりとされています。その後明治二八年（一八九五）

生まれの坂本カツが跡を継ぎ作っていましたが、戦災により多くの木型が焼失。戦後少しずつ型を復元し、昭和五十六（一九八一）年に亡くなるまで多くの張子を作り続け、宇土張子の礎を築きました。カツの跡は孫嫁である紀美子さんが受け継ぎましたが急逝してしまい、現在は姪の山本るみ子さんが作っています。195ページの絵は姫だるま。背面には男根が描かれ、神棚に供えると子宝に恵まれるといわれています。

おばけの金太（熊本県）

後ろの紐を引くと目を見開き舌を出す、からくり人形。京都から熊本に移り住んだ人形師、西陣屋彦七がはじめた厚賀人形店の五代目が嘉永年間（一八四八〜五五）に作ったといわれています。人形のモデルは加藤清正が熊本城を築く際に従えていた金太というひょうきんな足軽。人を笑わせることが上手で「おどけの金太」とも呼ばれていたようです。江戸時代から厚賀人形店で節句人形や祭礼道具作りのかたわら作り続けられ、現在は十代目の新八郎さんが作っています。

佐土原人形（宮崎県）

宮崎市佐土原町ではかつて佐土原座を中心に佐土原歌舞伎が盛んに行なわれ、明治には九州一円を巡業するほど人気を呼びました。それにともない歌舞伎を題材とした土人形も作られるようになり、京都の伏見人形にならい完成されたといわれています。淡い色彩がとても上品です。195ページの絵は「羊羹食い」で、伏見人形の饅頭食いにならったものですが、饅頭ではなく羊羹に見えることから、そう呼ばれるようになりました。

あとがき

玩具は「がんぐ」だけでなく「おもちゃ」とも読まれ、「手持ち遊び」が転化して、室町時代にそう呼ばれるようになったといわれています。

草や木、土、紙などで作られた小さな祈りの人形や縁起物が、子どもの手のひらでおままごとのようにして遊ばれることもあったのではないでしょうか。郷土玩具がまだ「郷土玩具」ではなく、ただの玩具だった時代を想像すると、そんなかわいらしい情景が浮かびます。

現在の郷土玩具は大人の鑑賞用のものになってしまいましたが、また子どもたちの小さなてのひらに戻る日がきたら素敵だなあ、郷土玩具たちも幸せなんじゃないかなあ、なんてことを日々思っています。

そんなことから本書は『てのひらのえんぎもの　日本の郷土玩具』というタイトルをつけました。

僕が郷土玩具と出会った後は、もうのめり込んでいくだけでした。

この玩具はどのようにして生まれ、繋がれてきたのか。

今どんな人が作っているんだろう。

そんなことを想像し、古い文献を読み、いくつもの産地を訪ね歩きました。

そこには魅力的な玩具があり、あたたかな作り手の人たちがいて、行くたびに新しい発見があり、心が満たされました。

夜は購入した玩具を宿の部屋に並べ、ああ、今日は良い日だったなあとひとり笑みを浮かべ鑑賞し、その日に見たものや聞いたことを思い出し、感慨に耽りながら布団に潜り、眠りに落ちるのです。至福の時間です。

ただそんな楽しい旅の背景にはいつも「廃絶」という問題が横たわっていました。

後継者や材料不足が主な原因ですが、きっとそれだけではないでしょう。

自分にできることがあるのなら、何かやらなければいけない。

いつしかそんなことを思うようになり、今は亡き恩師であるグラフィックデザイナーの佐藤晃一氏に話してみました。

「やるなら二流になってはいけませんよ。ちゃんとやりなさいね。」

そういわれて、僕は郷土玩具のために自分で行動を起こすことを決め、ひとりでも多くの人にその魅力を伝えようと郷土玩具の絵を描きはじめたのでした。

しかし、郷土玩具の持つ歴史の深さと人々が繋げてきたその想いのすべてを、自分の拙い絵と文で描き切ることはできません。

この本も、書けば書くほど新たに書くべきことが見つかり、書きたかったけれど頁数の都合上描けなかった玩具、作り手も山のように存在します。

まだまだ書き足りないことがこれほどあるのかということに愕然とし、同時に郷土玩具の底知れぬ魅力に改めて気付かされました。なんて楽しいものなんだろう、と。

郷土玩具の後ろには常に郷土があり、作り手がいます。

向き合えば向き合うほどその存在は大きくなり、玩具のなかに作り手の人柄を垣間見ることができます。

本書にも収録した、鳴子こけし工人・高橋正吾さんの言葉がすべてを表わしているような気がします。

「そのままの人間がいないのであれば、こけしの役には立たないのではないかなあ」

この本はもともと日本各地の地方新聞で連載していた「郷玩あれこれ」がもとになっています。全十二回、この本と同じように自分の絵と文で構成されたものです。

その「郷玩あれこれ」をいつか書籍化したいと思っていたところ、その気持ちを察してか、友人で編集者の鈴木涼子さんが、僕の知らないところで二見書房さんに企画を持ち込んでくれたことから書籍化が実現しました。

鈴木さんがいなければこの本が出ることはなかったかもしれません。

そして新聞連載の依頼をしてくださった共同通信社の山口晶子さん、浜松で車を出してくれた友人の豊田さんご夫妻、この本の編集をしてくださった二見書房の千田さん、忙しいなか取材を受けてくださった作り手のみなさん、そしていつも新鮮な魅力を伝えてくれるすべての郷土玩具たちに感謝いたします。両親、兄弟、妻と二人の娘にも。

二〇一八年十二月

佐々木一澄

http://www.kibitujinja.com/

土佐の玩具 p155
とさ民芸店 ちゃまみギャラリー
高知県高知市南はりまや町 1-15-7
電話：088-882-0171

九州・沖縄地方

赤坂人形（福岡県）p162
赤坂飴本舗 野口紘一さん
福岡県筑後市蔵数 312
電話：094-252-4217

尾崎人形（佐賀県）p166
高柳政廣さん
佐賀県神埼市神埼町尾崎 546
電話：095-253-0091

古賀人形（長崎県）p170
古賀人形窯元 小川憲一さん
長崎県長崎市中里町 1533
電話：095-838-3869

木の葉猿（熊本県）p174
木の葉猿窯元 永田禮三さん
熊本県玉名郡玉東町木葉 60
電話：0968-85-2052

人吉の玩具（熊本県）p178
住岡郷土玩具製作所
熊本県球磨郡錦町西字無田の原 104-1
電話：0966-38-1020

宮原工芸
熊本県人吉市中林町 512-2
電話：0966-23-3070
http://www.jtmsysbase.com/miyahara/

鹿児島神宮の玩具（鹿児島県）p182
鹿児島神宮
鹿児島県霧島市隼人町内 2496-1
電話：0995-42-0020
http://kagoshima-jingu.jp/

琉球張子（沖縄県）p186
琉球玩具製作所こくら 中村真理子さん
沖縄県那覇市壺屋 2-15-6
http://www.extension.ne.jp/hariko/

ロードワークス 豊永盛人さん
沖縄県那覇市牧志 3-6-2
電話：098-988-1439
http://toy-roadworks.com/

博多張子（福岡県）p190
はかた伝統工芸館
福岡県福岡市博多区上川端町 6-1
電話：092-409-5450
http://hakata-dentou-kougeikan.jp/

清水寺のきじ車（福岡県）p190
清水きじ車保存会
（みやま市役所商工観光課内）
福岡県みやま市瀬高町小川 5
電話：0944-63-1523

津屋崎人形（福岡県）p190
筑前津屋崎人形巧房
福岡県福津市津屋崎 3-14-3
電話：0940-52-0419
http://tsuyazaki-ningyo.jp/

原田半蔵人形店
福岡県福津市津屋崎 3-18-1
電話：0940-52-0432

孫次凧（福岡県）p191
カイトハウスまごじ
福岡県北九州市戸畑区新池 1-6-4
電話：093-881-4537

太宰府天満宮の鷽（福岡県）p191
太宰府天満宮
福岡県太宰府市宰府 4-7-1
電話：092-922-8225
http://www.dazaifutenmangu.or.jp/
※ 1 月 7 日鷽替え神事のみで授与

のごみ人形 p191
のごみ人形工房
佐賀県鹿島市大字山浦甲 1524
電話：0954-63-4085
https://www.nogominingyo.com/

弓野人形（佐賀県）p191
江口人形店
佐賀県武雄市西川登町小田志 14931
https://eguchi-n.jimdo.com/

北山田のきじ車（大分県）p194
玖珠町役場 商工観光振興課
大分県玖珠郡玖珠町大字帆足 268-5
電話：0973-72-7153

宇土張子（熊本県）p195
山響屋
福岡市中央区今泉 2 丁目 1-55
やまさコーポ 101
電話：092-753-9402
http://yamabikoya.info/
※宇土張子の他、全国の郷土玩具あり

おばけの金太（熊本県）p195
厚賀人形店
熊本県熊本市西区花園 5-21-14
電話：096-326-2202

佐土原人形（宮崎県）p195
佐土原人形製作所 陶月
宮崎市佐土原町下田島 19880-3
電話：0985-73-2395

亀戸天満宮の鷽（東京都）p110
亀戸天満宮
東京都江東区亀戸 3-6-1
電話：03-3681-0010
http://kameidotenjin.or.jp/
※1月24日、25日の鷽替え神事で授与

親子狸（東京都）p111
柳森神社
東京都千代田区神田須田町 2-25-1
※正月やたぬき祭などで授与

伊勢原のせみ凧（神奈川県）p111
大宝寺
神奈川県伊勢原市東大竹 1-311
電話：0463-95-3097
http://www.daihoji.jp/

今戸焼と古型今戸人形（東京都）p114
今戸焼白井
東京都台東区今戸 1-2-18
電話：03-3872-5277

吉田義和さんのホームページ
http://imadoki.server-shared.com/

待乳山聖天
東京都台東区浅草 7-4-1
電話：03-3874-2030
http://www.matsuchiyama.jp/

関西地方

住吉人形（大阪府）p122
住吉大社
大阪府大阪市住吉区住吉 2-9-89
電話：06-6672-0753
http://www.sumiyoshitaisha.net/

小幡人形（滋賀県）p126
小幡人形 細居源悟さん
滋賀県東近江市五個荘小幡町 808
電話：0748-48-4075
http://obatadeko.main.jp/

お守り犬（奈良県）p130
法華寺
奈良県奈良市法華寺町 882
電話：0742-33-2261
http://www.hokkeji-nara.jp/
※授与希望者は要予約

初瀬出雲人形（奈良県）p130
水野佳珠さん
奈良県桜井市出雲 1208
電話：0744-47-7255

五色鹿（奈良県）p130
民芸の店 山田
奈良県奈良市角振町 39 1 階
電話：0742-26-3336

神農祭の神虎（大阪府）p131
少彦名神社
大阪府大阪市中央区道修町 2-1-8
電話：06-6231-6958
http://www.sinnosan.jp

神戸人形（兵庫県）p131
ウズモリ屋
兵庫県神戸市東灘区住吉山手 8-6-22
電話：078-846-2196
http://www.kobotaro.com/kobedoll/

姫路張子（兵庫県）p131
姫路張子玩具 松尾哲さん
兵庫県姫路市香寺町田野 1042-21
電話：079-232-7762

伏見人形（京都府）p134
丹嘉
京都府京都市東山区本町 22-504
電話：075-561-1627
http://www.tanka.co.jp/

起き上がり（京都）p146
①釘抜き地蔵
京都府京都市上京区千本通上立売上ル花車町 503

①千本ゑんま堂
京都府京都市上京区千本通廬山寺上ル閻魔前町 34
http://yenmado.blogspot.com/

①矢田地蔵尊
京都府京都市中京区寺町通三条上ル 523

①法輪寺（だるま寺）
京都府京都市上京区下立売通西大路通東入ル
電話：075-841-7878

②市比賣神社
京都府京都市下京区河原町五条下ル一筋目西入ル
https://ichihime.net/

③壬生寺
京都府京都市中京区坊城仏光寺北入ル
http://www.mibudera.com/

④日限地蔵尊（安祥院）
京都府京都市東山区五条通東大路東入遊行前町 560

⑤吉田神社京都府京都市左京区吉田神楽岡町 30
http://www.yoshidajinja.com/

⑥大報恩寺（千本釈迦堂）
京都府京都市上京区七本松通今出川上ル
http://daihoonji.com/

中国・四国地方

高松張子、つまみ人形（香川県）p150
民芸 福田
香川県高松市百間町 9-7
電話：087-821-3237
http://mingei-fukuda.com/
※高松張子、つまみ人形の他、全国の郷土玩具あり

岩井温泉の木地玩具（鳥取県）p154
おぐら屋
鳥取県岩美郡岩美町岩井 319
電話：0857-72-0520

はこた人形（鳥取県）p154
はこた人形工房
鳥取県倉吉市魚町 2529
電話：090-1185-9732

祝凧（島根県）p154
大社の祝凧 高橋
島根県出雲市大社町杵築東 724
電話：0853-53-1553

吉備津の狛犬と鳥（岡山県）p155
吉備津神社
岡山県岡山市北区吉備津 931
電話：086-287-4111

柿澤こけし店
宮城県大崎市鳴子温泉古戸前 132-67
電話：0229-83-2495
http://sky.geocities.jp/kakizawa_narugo/

日本こけし館
宮城県大崎市鳴子温泉字尿前 74-2
電話：0229-83-3600
http://www.kokesikan.com/

中部・北陸・甲信越地方

富山土人形（富山県）P50
とやま土人形工房（富山市民俗民芸村）
富山県富山市安養坊 1118-1
電話：076-431-4464

土雛窯さんのホームページ
http://www.ctt.ne.jp/~ffurukaw/

乙川人形（愛知県）p54
乙川人形屋　杉浦實さんの工房
愛知県半田市乙川稗田町 170
電話：0569-21-5056

鯛車（新潟県）p58
鯛車復活プロジェクト
新潟県新潟市西蒲区巻甲 2690-1
電話番号：0256-72-8736
https://taiguruma.com/

餅つき兎（石川県）p59
中島めんや
石川県金沢市尾張町 2-3-12
電話：076-232-1818
http://www.nakashimamenya.jp/

中野の土人形（長野県）p59
中野ひな市
https://hinaichi.com/

日本土人形資料館
長野県中野市中野 1150
電話：0269-26-0730

蘇民将来（長野県）p59
信濃国分寺
長野県上田市国分 1049
電話：0268-24-1388
http://shinano-kokubunji.or.jp/
※1月7日、8日の縁日で頒布

おぼこ人形（山梨県）p62
古民家カフェ鍵屋
山梨県南巨摩郡早川町奈良田 1064-43
電話：0556-20 － 5556
https://cafe-kagiya.com/

初夢土鈴（愛知県）P62
名古屋東照宮
愛知県名古屋市中区丸の内 2-3-37
電話：052-231-4010
http://nagoyatoshogu.com/

桜井凧（愛知県）p63
凧茂本店
愛知県名古屋市西区押切 2-2-10
電話：052-522-5261
http://www.tacomo.com/

でんでん太鼓（愛知県）p63
犬山市シルバー人材センター
郷土玩具研究会
愛知県犬山市松本町 2-7
電話：0568-62-8505

浜松張子（静岡県）P66
鈴木伸江さん
静岡県浜松市中区高林 4-18-17
電話：053-474-5466

関東地方

鴻巣の練物（埼玉県）p90
臼井人形店
埼玉県鴻巣市人形 1-4-17
電話：048-541-0846

太刀屋
埼玉県鴻巣市人形 3-1-51
電話：048-541-0568

多摩だるま（東京都）P94
深大寺
東京都調布市深大寺元町 5-15-1
電話：042-486-5511
https://www.jindaiji.or.jp/
※だるま市は3月3日、4日

大山の独楽（神奈川県）p98
はりまや
神奈川県伊勢原市大山 352
電話：0463-95-2058

佐原張子（千葉県）p102
三浦屋
千葉県香取市佐原イ 1978
電話：0478-54-2039

黄鮒（栃木県）p106
ふくべ洞
栃木県宇都宮市大通り 2-4-8
電話：028-634-7583

高崎だるま（群馬県）p106
群馬県達磨製造協同組合
群馬県高崎市中豊岡町丙 28
http://takasakidaruma.net/

萩日吉神社の猿（埼玉県）p106
萩日吉神社
埼玉県比企郡ときがわ町西平 1198
電話：0493-67-0848
※1月第3日曜日の例大祭でのみ授与

芝原人形（千葉県）p107
千葉惣次さん
千葉県長生郡長南町岩撫 44-1
電話：0475-46-0850

千住絵馬（東京都）p107
吉田家絵馬屋
東京都足立区千住 4-15-8

すすきみみずく（東京都）P107
雑司が谷 案内処
東京都豊島区雑司が谷 3-19-5
電話：03-6912-5026
http://www.toshima-mirai.jp/zoshigaya/

鬼子母神
東京都豊島区雑司ヶ谷 3-15-20
電話：03-3982-8347
http://www.kishimojin.jp/

とんだりはねたり（東京都）p110
助六
東京都台東区浅草 2-3-1
電話：03-3844-0577

犬張子（東京都）p110
菊寿堂 いせ辰 谷中本店
東京都台東区谷中 2-18-9
電話：03-3823-1453
https://www.isetatsu.com/

本書に掲載した郷土玩具の工房・販売店

※営業時間、在庫、見学の不可などは時期によって異なるので事前に確認してください。
※予約、取り置き、通販などはできないところが多いのでご了承ください。
※工房は住居と兼ねている場合があります。訪問の際は必ず事前に確認してください。
※急ぎの注文や大量の注文に応えられないことが多いのでご了承ください。
※下記は製作者、販売店の一部です。

北海道・東北地方

下川原人形（青森県）p12
下川原焼土人形製陶所 高谷信夫さん
青森県弘前市桔梗野 1-20-8
電話：0172-32-6888

下川原焼土人形 阿保正志さん
青森県弘前市新里字上樋田 85-2
電話：0172-27-3766

花巻人形（岩手県）p14
平賀工芸社
岩手県花巻市桜町 3-68-23
電話：0198-23-5658

花巻人形工房 菊池正樹さん
東北スタンダードマーケット
宮城県仙台市青葉区中央３－７－５
仙台 PARCO2
022-797-8852

仙台張子（宮城県）p18
仙台張子 本郷だるま屋
宮城県仙台市青葉区川平 4-32-12
電話：022-347-4837

三春張子（福島県）p24
高柴デコ屋敷観光協会（事務局おいち茶屋）
福島県郡山市西田町高柴字舘野 169
電話：024-971-3907

橋本広司民芸
福島県郡山市西田町高柴字福内 41
電話：024-971-3900（高柴デコ屋敷恵比須屋）

小沢民芸
福島県田村郡三春町大字南成田字千代川 87
電話：0247-62-2522

セワ（北海道）P26
大広民芸店
北海道網走市新町 2-3-11
電話：0152-44-5583
http://www.oohiro.sakura.ne.jp/

八橋人形（秋田県）p26
八橋人形伝承館
秋田県秋田市八橋南 1-8-2
秋田市老人福祉センター
（通称・ふれあいセンター）内
http://yabase.wixsite.com/yabaseningyou
※製作・展示のみ

秋田県産品プラザ
秋田県秋田市中通 2-3-8 アトリオン B1F
電話：018-836-7830

べらぼう凧（秋田県）p27
北萬 北村凧提灯店
秋田県能代市日吉町 7-3
電話：0185-52-7978
http://kitaman.sakura.ne.jp/

中山土人形（秋田県）p26
樋渡人形店
秋田県横手市駅前町 5-67
電話：0182-32-1560

六原張子（岩手県）P27
さわはん工房 澤藤範次郎さん
岩手県胆沢郡金ケ崎町六原東町 50-36
電話：0197-43-3397
http://www.sawahan.achoo.jp/

笹野一刀彫（山形県）p30
笹野民芸館
山形県米沢市笹野本町 5208-2
電話：0238-38-4288

山形張子（山形県）p30
岩城人形店
山形県山形市木の実町 11-10
電話：023-622-6346

相良人形（山形県）p30
相良人形制作元 相良隆馬さん
山形県米沢市下花沢 3-3-64
電話：0238-23-8382

唐人凧（福島県）p31
竹細工 竹藤
福島県会津若松市中央１丁目 2-7
電話：0242-22-1068

白河だるま（福島県）p31
白河物産観光協会
福島県白河市郭内 1-2
電話：0248-22-1147
http://shirakawa315.com/

会津張子（福島県）p31
山田民芸工房
福島県会津若松市七日町 12-35
電話：0242-23-1465

鳴子こけし（宮城県）p34
高橋正吾こけし工房
宮城県大崎市鳴子温泉字古戸前 132-42
電話：0229-83-3951

大沼こけし店
宮城県大崎市鳴子温泉湯元 93-1
電話：0229-83-3163

桜井こけし店
宮城県大崎市鳴子温泉湯元 26
電話：0229-87-3575
https://www.sakuraikokeshiten.com/

松田大弘
宮城県大崎市鳴子温泉上鳴子 126-10
電話：0229-83-3573
https://www.tomohiromatsuda.com

参考文献

北尾重政『江都二色』一七七三
清水晴風・西澤笛畝『うなゐの友』芸艸堂　一八九一～一九一三
天江富弥『こけし這子の話』一九二八
武井武雄『日本の郷土玩具東の部・西の部』金星堂　一九三四
西田峯吉『鳴子・こけし・工人』未来社　一九六四
斎藤良輔『郷土玩具辞典』東京堂出版　一九七一
鹿間時夫監修『こけし辞典』東京堂出版　一九七一
斎藤良輔『おもちゃの話』朝日新聞社　一九七一
斎藤良輔『ひな人形』法政大学出版局　一九七五
こけしの会編集『こけしの旅』平凡社　一九七六
中国人民美術出版社編集『中国郷土玩具』美乃美　一九八一
斎藤良輔『日本の郷土玩具』未来社 一九八四
畑野栄三『きじうま聞書』三一書房　一九九〇
東京都江戸東京博物館『江戸東京博物館調査報告書第4集』一九九七
加藤幸治『郷土玩具の新解釈』社会評論社　二〇一一
中村浩訳『達磨からだるま ものしり大辞典』社会評論社　二〇一一

絵と文／ 佐々木一澄（ささき かずと）

1982年東京生まれ。多摩美術大学グラフィックデザイン学科卒業。

イラストレーターとして雑誌、書籍を中心に活動。児童書の挿絵や絵本も手掛ける。

絵本作品に『おいで おいで』（福音館書店）、『からだあいうえお』（文：中川ひろたか　原案：吉澤穣治 保育社）、『でんしゃからみつけた』『くるまからみつけた』（作：宮本えつよし　PIE INTERNATIONAL）など。

東京こけし友の会、竹とんぼの会（日本郷土玩具の会）会員。

ブックデザイン／佐々木一澄

企画／鈴木涼子

てのひらのえんぎもの

日本《にほん》の郷土玩具《きょうどがんぐ》

著　者　　佐々木一澄《ささきかずと》

発行所　　株式会社 二見書房
〒101-8405
東京都千代田区神田三崎町2-18-11
電話 03(3515)2311／営業　03(3515)2313／編集
振替 00170-4-2639

印刷・製本　図書印刷株式会社

乱丁・落丁本はお取り替えいたします。定価はカバーに表示してあります。

ISBN978-4-576-18211-7　https://www.futami.co.jp